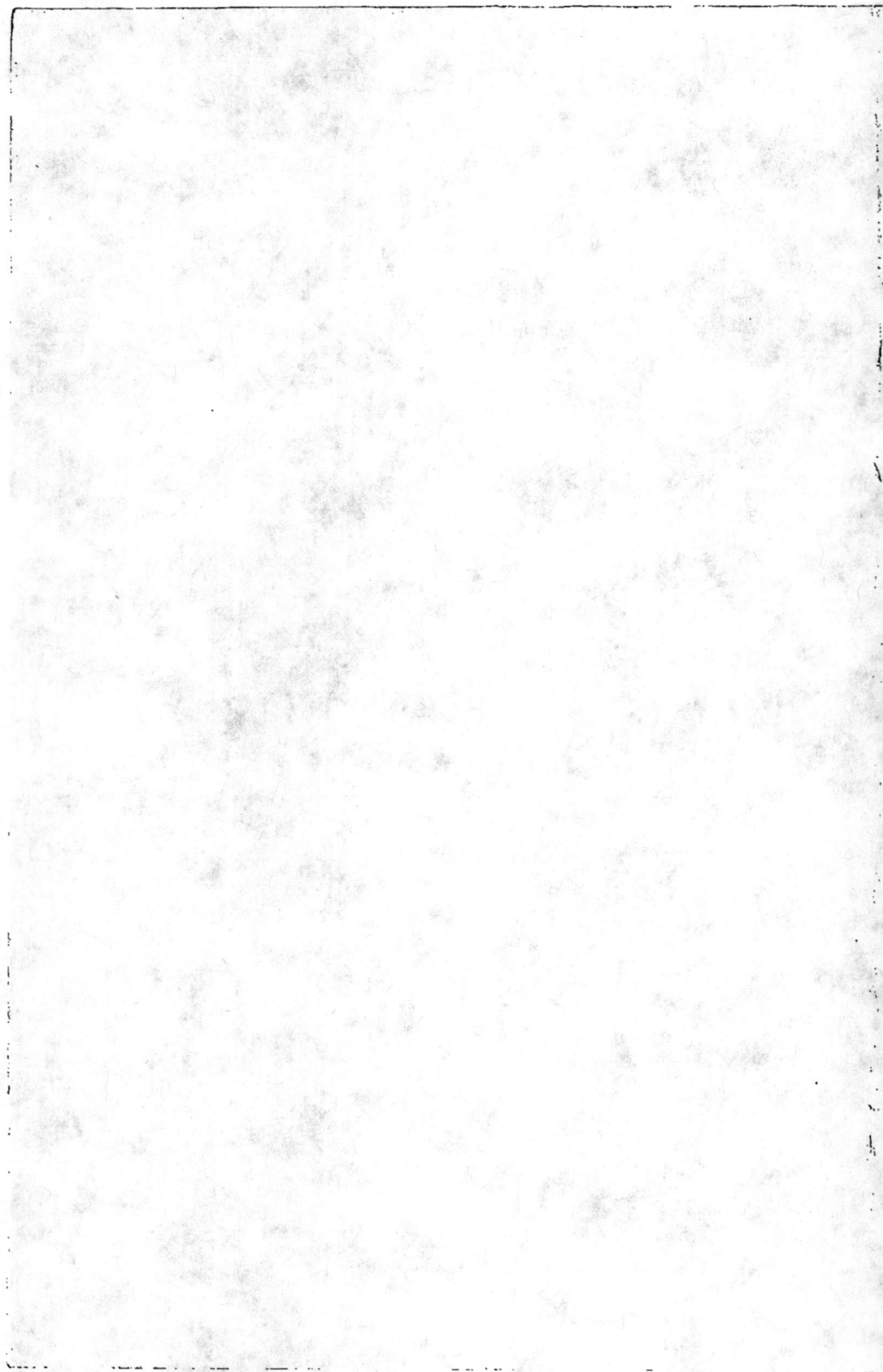

DIX-HUIT MOIS
A ALGER,

OU

RÉCIT DES ÉVÉNEMENS QUI S'Y SONT PASSÉS

DEPUIS LE 14 JUIN 1830, JOUR DU DÉBARQUEMENT DE L'ARMÉE FRANÇAISE, JUSQU'A LA FIN DE DÉCEMBRE 1831.

DIX-HUIT MOIS
A ALGER,

OU

RÉCIT DES ÉVÉNEMENS QUI S'Y SONT PASSÉS

DEPUIS LE 14 JUIN 1830, JOUR DU DÉBARQUEMENT DE L'ARMÉE FRANÇAISE, JUSQU'A LA FIN DE DÉCEMBRE 1831 ;

PAR

Mr le Baron Berthézène,

PAIR DE FRANCE, LIEUTENANT GÉNÉRAL, COMMANDANT LA PREMIÈRE DIVISION DE L'ARMÉE EXPÉDITIONNAIRE.

Quæque ipse vidi et quorum pars fui.

A MONTPELLIER,
Chez Auguste RICARD, Imprimeur, Place d'Encivade.

1834.

AVERTISSEMENT.

Écrit presque en entier à Alger, cet ouvrage devait paraître au commencement du printemps 1832 ; mais les événemens politiques du Midi et les mouvemens de l'Ouest firent à l'auteur le devoir de renoncer à l'opportunité des circonstances, et d'en ajourner la publication.

Nota. Les chiffres arabes indiquent le numéro des preuves et pièces justificatives.

TABLE DES MATIÈRES.

PREMIÈRE PARTIE.

DEUXIÈME PARTIE.

CHAPITRE Ier.

CHAPITRE II.

CHAPITRE III.

CHAPITRE IV.

CHAPITRE V.

CHAPITRE VI.

FIN DE LA TABLE.

EXPÉDITION D'AFRIQUE.

PREMIÈRE PARTIE.

Quæque ipse vidi et quorum pars fui.

CHAPITRE Ier SERVANT D'INTRODUCTION.

But de l'auteur. — Polémique entre l'Opposition et le Ministère. — Opinion de la Marine. — Espérances du Ministère et craintes de l'Opposition. — Caractère du Dey d'Alger. — Cause de la guerre. — Détails topographiques et statistiques.

Le projet de purger les mers des pirateries d'Alger avait été conçu et tenté vainement, à différentes époques, par les plus grands potentats de l'Europe.

Cette grande entreprise, où échoua Charles-Quint, devant laquelle recula Louis XIV (a), et

(a) Le premier dessein de Louis XIV, lorsqu'il prit les rênes de l'État, fut de délivrer l'Europe chrétienne des courses continuelles des corsaires de Barbarie; il avait même long-temps balancé s'il irait à cette expédition en personne, à l'exemple de Charles-Quint; mais il n'avait pas assez de vaisseaux pour exécuter cette grande entreprise, soit par lui-même, soit par ses généraux.

Voltaire, *Dictionnaire philosophique*.

qui fut l'objet des méditations de NAPOLÉON (*a*), vient d'être exécutée par une division de l'armée française.

Vingt jours de combats ont vengé l'Europe de trois siècles d'affronts, et la France des insultes faites à son pavillon.

Relater les opérations militaires qui ont amené ce brillant résultat, et restituer à l'armée la gloire que ses travaux, son courage et sa discipline lui ont méritée, est le premier et le principal but que je me propose.

D'autres opérations militaires ont été exécutées après la conquête; quoique peu considérables en soi, et sans influence sur le sort de ce pays, je ne saurais les passer sous silence, parce qu'elles ont été signalées par des actes de bravoure qui sont le patrimoine de nos soldats, et qu'elles tiennent essentiellement à l'histoire de nos établissemens.

Les formes et surtout l'esprit des différens modes d'administration qu'on a essayé d'y introduire, sont trop importans à apprécier pour ne pas fixer notre attention. Les fautes et les erreurs qui les ont accompagnés presqu'inévitablement, peuvent avoir leur utilité et offrir des enseignemens précieux pour l'avenir.

(*a*) La preuve en est dans la reconnaissance que fit le Colonel BOUTIN, et qui a servi de régulateur à cette expédition.

Ces matières sont délicates, je le sais : en les traitant, j'userai de tous les ménagemens compatibles avec la vérité; mais si, malgré ce soin, la vanité, l'orgueil, ou d'injustes prétentions se trouvaient offensés de mes récits, qu'on ne s'en prenne pas à moi, mais bien aux faits. Est-ce ma faute si le petit Atlas n'a que cinq ou six cents toises de hauteur? Du reste, je m'occuperai peu des hommes, car je n'écris ni un panégyrique, ni une satyre, et, dans les critiques que je hasarderai, j'exprimerai plutôt l'opinion générale de l'armée que la mienne. Dans tous les cas, le lecteur entendra mes raisons, et sera en état de les apprécier à leur juste valeur.

Polémique entre l'Opposition et le Ministère.

Dès que le Ministère POLIGNAC s'occupa sérieusement de cette guerre, les journalistes, les écrivains et les orateurs de l'Opposition en discutèrent la justice, la convenance et la possibilité.

L'entreprise fut déclarée téméraire, les difficultés invincibles, et le tableau des malheurs qui nous attendaient sur ces plages était propre à jeter le découragement dans les âmes les plus fermes.

Le Ministère répondit à ses ennemis. Ceux-ci, plus occupés à frapper fort que juste, furent souvent battus, dans une polémique qui du reste éclaira peu la question. Ni les uns ni les autres ne disaient le fond de leur pensée.

Craintes de l'Opposition. Espérances du Ministère.

L'Opposition craignait qu'une expédition heureuse ne popularisât le Ministère; et, de son côté, le Ministère se flattait que des succès éclatans lui rendraient facile l'exécution de ses projets.

Cette crainte et ces espérances étaient également chimériques. Les hommes sages et non préoccupés comprenaient que des succès, quels qu'ils fussent, ne donneraient pas un partisan de plus à cette administration impopulaire, tandis que le moindre revers la perdrait sans détour.

Opinion de la Marine.

Les chefs de la Marine, dont l'opinion devait être d'un si grand poids dans ces matières, augmentaient les alarmes publiques. Imbus de préjugés sur ces côtes, si peu connues encore aujourd'hui, ils ne balancèrent pas à trancher la question, et à déclarer les obstacles impossibles à vaincre. Selon eux, la côte était inabordable, et, nulle part, la flotte ne devait trouver d'abri pour prêter un appui utile à l'armée de terre.

L'Amiral, qui ne connaissait point par lui-même ces parages, partageait naturellement cette erreur. Dans une conférence qui eut lieu chez le Ministre de la Guerre, entre les chefs des deux armées, il assurait que, sur ces plages, on ne pouvait compter trois jours consécutifs de beau temps ; qu'après avoir jeté à terre la première division, il serait peut-être forcé de s'éloigner des côtes pendant quinze jours, et de confier aux flots le soin d'apporter à cette troupe les vivres qui lui seraient nécessaires ; il ajoutait qu'il lui fallait vingt-quatre ou vingt-huit jours pour débarquer le matériel de l'armée, et que, dès les premiers jours d'Août, la mer n'était plus tenable, etc., etc. Un léger sourire qui erra sur les lèvres du Major-Général de l'armée navale, fit comprendre qu'il ne partageait pas en entier l'opinion de son chef, et il se hâta d'ajouter à voix basse : laissez venir le moment, et vous verrez qu'il fera bien mieux qu'il ne dit. La prophétie se vérifia, et, grâces à son zèle et à ses soins, le débarquement se fit en très-peu de jours.

L'expérience a prouvé ce qu'il y avait d'exagéré dans ces assertions ; cependant l'on ne peut méconnaître que, sur ces côtes, la mer ne soit généralement dure ; que, pendant le long règne des vents du Nord, elle ne soit dangereuse, et qu'à cette époque, la darse, elle-même, ne soit souvent un abri peu sûr. Nous l'avons déjà appris à nos dépens.

Mais avant d'aller plus loin, qu'il me soit permis de dire, sur le souverain qui régnait à Alger et sur la cause première de cette guerre, ce que m'ont appris mon séjour dans ce pays, mes relations avec les agens consulaires, et surtout avec les deux interprètes qui se sont succédés auprès du Dey durant ce période de temps (*a*).

Caractère du Dey.

Hussein-Pacha avait succédé, en 1818, au farouche Ali ; bien différent de son prédécesseur,

(*a*) MM^rs Durand et Benzamont.

il n'était ni cruel, ni sanguinaire, et se glorifiait de savoir lire et écrire. Religieux et même dévot, ce Prince avait des mœurs régulières et presque austères ; il aimait la justice, et le traitement qu'il fit éprouver aux naufragés français du cap Bengut, prouve que les sentimens d'humanité ne lui étaient pas étrangers. Ses défauts étaient l'orgueil et l'entêtement.

Dans le cours de son règne de douze ans, on ne lui reproche qu'un seul meurtre, celui de JAHIA, Aga. Ce ministre était opposé à la guerre. Des sentimens élevés et des vues étendues le mettaient de beaucoup au-dessus de ses compatriotes ; il sentait la nécessité d'une réforme, et crut qu'un des meilleurs moyens d'y arriver était d'encourager l'agriculture. Dans ce dessein, il bâtit à ses frais, sur la rive droite du Haratch et près de son embouchure, cette belle ferme dont on a fait, pendant la guerre, une espèce de fort. Destinée à l'éducation des bestiaux dans cette partie de la Mitidjiah, il se flattait qu'elle servirait aussi à y fixer les Arabes (*a*).

Meurtre de l'Aga Jahia.

Bientôt l'envie le rendit suspect à HUSSEIN ; il fut exilé à Blida ; peu après, on lui supposa des liaisons criminelles avec les Arabes, et sa mort fut résolue.

(*a*) Elle se nomme Burgh-Jahia ; nous l'avons appelée maison carrée, à cause de sa forme. Depuis que nous occupons ce pays, les enfans JAHIA ne la possèdent plus.

Le Dey chargea quelques-uns de ses amis de lui porter le cordon fatal; en le recevant, Jahia se plaignit de l'injustice et de l'ingratitude de son maître, et prédit sa chute prochaine. Mais la prophétie est en termes trop précis pour qu'elle n'ait pas été arrangée après l'événement; quoi qu'il en soit, il passa le cordon autour de son cou, se coucha par terre, et pria ses amis de ne pas le faire souffrir. Ainsi périt, à la fleur de l'âge, un Ministre que les Maures, eux-mêmes, regrettent, et qui peut-être eût opéré une révolution heureuse dans cette partie de l'Afrique.

Cette manière prompte et expéditive de se débarrasser d'un homme qui fait ombrage nous révolte, et nous crions à la barbarie. Cependant elle est moins dégradante pour l'espèce humaine, que ces machinations souterraines et ces piéges tendus à la bonne foi, qui, dans les pays civilisés, sont souvent la base et le grand ressort de la politique.

Cause de la guerre.

La maison Bacri et Busnach, juifs d'Alger, réclamait depuis long-temps, auprès du Gouvernement français, le payement de blés fournis à la France et à l'armée d'Égypte. La Régence était intéressée à ce payement, ou plutôt était le véritable créancier, le monopole des grains fesant un de ses principaux revenus. Peu après la liquidation de cette affaire, le Dey adressa à notre Ministère des plaintes au sujet d'une retenue faite en faveur de prétendus tiers français. Sa réclamation ne fut point écoutée; il s'adressa directement au Roi, et cette première lettre restant sans réponse, il en écrivit, par l'intermédiaire du Consul de Sardaigne, Mr le Comte D'ATILI, une seconde qui n'eut pas un sort plus heureux.

HUSSEIN, accoutumé aux cajoleries du Roi d'Angleterre et du Président des États-Unis d'Amérique, qui lui écrivaient directement et lui donnaient le titre de *cher ami* (*a*), fut profondément blessé de ce silence. Il y vit une injure, et il était trop peu civilisé et trop persuadé de sa puissance pour la souffrir patiemment (*b*). La légèreté de notre Agent consulaire lui fournit bientôt une occasion favorable de s'en venger.

(*a*) A la Cassaubah on a trouvé la preuve irrécusable de ce fait.

(*b*) La conduite des Grandes Puissances à l'égard de ce gouvernement ne justifiait que trop la haute opinion qu'il avait de ses forces; on va en juger : dans ses expéditions de 1816 et 1824, l'Angleterre exige que son pavillon puisse flotter sur sa maison consulaire à Alger; mais, par un article secret, elle s'engage à ne jamais user de ce droit. Elle obtient que son Consul, injurié, outragé dans son domicile, chassé d'Alger, y sera reçu; mais l'Amiral promet que cet Agent diplomatique ne descendra pas à terre, et il tient parole. Après de telles concessions, comment s'étonner du mépris et du dédain avec lequel étaient traités les Agens des Puissances Européennes?

Il était d'usage qu'aux fêtes du Baïram, les Consuls se rendissent au palais du Dey pour lui présenter leurs hommages. Ils marchaient après le dernier des Turcs ; mais le droit de passer à la tête des Francs consolait de cette humiliation, et, depuis quelques années, le Consul d'Angleterre se l'était arrogé. Le Consul de France lui disputa cette prééminence, et ce fut pour éviter toute discussion à ce sujet, qu'un des derniers Deys régla que notre Agent serait reçu la veille en audience particulière. *Fêtes du Baïram.*

C'est dans une de ces audiences, le 30 Avril 1827, que le Dey se plaignit avec hauteur de n'avoir pas reçu de réponse du Roi de France. Mr Deval répondit que *son maître* n'était pas fait pour écrire à un homme tel que lui. Le Dey répliqua, par un coup de chasse-mouche, à cette insolence qui, dans tout autre temps et sous tout autre Pacha, lui aurait coûté la tête.

Mr Deval sentit qu'il avait été trop loin ; il voulut négocier un accommodement, mais le Dey s'y refusa, et déclara que jamais il ne le recevrait. *M. Deval.*

Il est vraisemblable pourtant que cette affaire se serait arrangée si cet Agent diplomatique eût joui d'une meilleure réputation ; mais, à tort ou à raison, il était peu considéré (*a*). On l'accusait

(*a*) Les Consuls étrangers m'ont assuré plusieurs fois qu'ils ne l'auraient point vu s'il fût revenu à Alger avec l'armée française.

de s'être fait payer chèrement ses bons offices en faveur de BACRI; on lui reprochait encore d'autres actions bien plus honteuses, mais qui ne sont nullement prouvées et qui me paraissent incroyables.

Déclaration de guerre.

Dès que le Gouvernement français apprit l'insulte faite à son Agent, sans examiner si elle avait été provoquée ou non, il déclara la guerre à la Régence, et mit le port d'Alger en état de blocus.

Les premières opérations de notre escadre ne furent pas heureuses, et la flotille Algérienne rentra triomphante dans le port. Cette espèce de succès ne contribua pas peu à exalter l'orgueil des Turcs.

Propositions de paix.

Les dépenses énormes qu'occasionait cette guerre sans résultat, effrayèrent bientôt le Ministère, et il rechercha la paix avec autant d'ardeur qu'il avait mis de précipitation à la rompre. Des propositions furent faites, des satisfactions offertes, et, pour aplanir toutes les difficultés, on y ajouta la promesse d'un brick armé en guerre. Tout fut rejeté avec dédain. C'est après le mauvais succès de ces démarches, que Mr DE LA BRETONNIÈRE fut envoyé à Alger pour tenter un dernier effort.

On ne rend pas en France assez de justice à cet officier. Dans l'opinion des Consuls et des Maures, il remplit sa mission avec beaucoup de dignité, et s'y montra tel que devait être l'Envoyé d'une Grande Puissance.

Pour sauver les apparences, on demandait au Dey qu'il envoyât un de ses Ministres à bord du vaisseau français ; il s'y refusa. Ensuite on se borna à lui demander qu'il lui permît de se trouver, comme par hasard, sur la corvette anglaise le Pilorus, et ce fut encore refusé. Rien ne put vaincre l'obstination de ce souverain.

Insulte au pavillon français.

On n'est pas d'accord sur l'accident qui fit tirer sur le vaisseau la Provence ; quelques-uns croient que l'insulte fut faite à dessein prémédité, mais le plus grand nombre pense qu'elle fut due au hasard.

Les armes seules peuvent décider la question.

Quoi qu'il en soit, ce bâtiment éprouva tout le feu des batteries algériennes. Après un outrage aussi public, après une violation aussi manifeste du droit des gens, il n'y avait plus aucun moyen d'accommodement ; les armes seules pouvaient venger l'honneur français, et rajeunir cette opinion de puissance que l'armée d'Égypte avait imprimée dans l'esprit des peuplades africaines (*a*). Il me semble que le Ministère eût été coupable de ne pas en tenter le sort.

Je terminerai ces réflexions par quelques ob-

(*a*) Encore aujourd'hui Bonaparte y est connu sous le nom d'el Kebir (le grand). Nos jeunes soldats, persuadés qu'il n'a jamais existé qu'un Empereur, appelèrent le fort de l'Empereur fort Napoléon. Il était censé l'avoir fait bâtir pendant les campagnes d'Égypte.

servations sur le pays et ses habitans. Elles ne seront pas inutiles à l'intelligence de mon récit.

Nature du terrain de Sidi-Ferruch à Staoueli.

De Sidi-Ferruch à Alger, le pays s'élève graduellement et forme trois plans bien distincts : le premier s'étend jusqu'au plateau de Staoueli ; le deuxième jusqu'à celui du Libyar, et le troisième jusqu'au fort de l'Empereur. Les vallées qui séparent les différens mamelons dont il est parsemé jusqu'à Staoueli, ne sont ni profondes ni escarpées ; des broussailles de deux à trois pieds de haut couvrent tout cet espace ; on n'y voit presque nulle part des roches nues, et l'on trouve partout une couche de terre végétale plus ou moins épaisse, excepté, cependant, sur les sommités. Les eaux y sont assez abondantes et à peu de distance de la surface de la terre.

Staoueli.

A Staoueli, la nature du terrain change ; les broussailles épineuses et autres, assez semblables jusque-là à celles du Midi de la France, y sont remplacées par le palmier nain (*chamærops humilis*). Là, on commence à trouver quelques traces de culture. On y voit encore des mûriers, des oliviers, quelques orangers et une plantation de figuiers d'une grande beauté (*a*). C'est aussi là que l'on trouve les premiers palmiers arbres.

Les eaux y sont abondantes et bonnes. Ce plateau forme une plaine qui s'étend, l'espace d'une

---

(*a*) Dans un récit romancier, on en a fait un bosquet d'orangers.

lieue environ, jusques à l'Oued-el-Aggar au Sud; à l'Est, jusques au mont Caïouche et au territoire de Beni-Msous; et, au Nord, vers le Boujaréah. Au Sud de cette plaine et avant d'arriver à l'Oued-el-Aggar, on trouve quelques marais peu profonds qui en rendent l'air malsain pendant la saison de l'été. A Staoueli, il n'y a ni maisons ni habitations. Cependant le reste d'un noria annonce qu'il y en avait il n'y a pas bien long-temps (*a*).

Sidi-Khaleff.

Sidi-Khaleff (une lieue plus loin), toujours dans la plaine, n'a que trois ou quatre maisons qui tombent en ruine; mais ce lieu est remarquable par l'abondance de ses eaux, et célèbre par les tombeaux de deux saints, surtout par celui de Sidi-Khaleff, qui en est le patron, et qui jouit d'une grande vénération. Nous les avons religieusement respectés.

La culture y a un peu plus d'extension. Les Arabes qui viennent y cultiver les champs et faire paître leurs troupeaux, déposent autour de ces tombeaux les restes mortels de leurs parens.

Terroir de Beni-Msous.

A peu de distance de Sidi-Khaleff, on passe sur le territoire de Beni-Msous; il s'étend, au

---

(*a*) Aujourd'hui quelques tribus peu nombreuses y ont planté leurs tentes. Émigrées au moment de la conquête, elles sont revenues à la fin de 1831, et ne paraissent plus s'effaroucher de la présence de nos soldats.

Nord, jusqu'au Boujaréah, dont il est séparé par l'Oued-el-Larens; à l'Est, jusqu'à l'Oued-el-Call; et au Sud, jusqu'au Sahal, hauteurs qui dominent la Mitidjiah. On y cultive avec soin la vigne et plusieurs espèces d'arbres fruitiers, surtout le jujubier. On y trouve un bon nombre de maisons de campagne avec jardins, et les grandes étables, qui y sont attenantes, attestent qu'on y élevait une grande quantité de bestiaux.

Les vins que les Consuls européens retirent du fruit de la vigne sont de faible qualité : il n'en était pas ainsi autrefois; leur dégénération date d'un siècle.

SHAW l'attribue à un tremblement de terre, et surtout aux nuées de sauterelles qui, en 1723 et 1724, ravagèrent les environs d'Alger.

Libyar.

Ce territoire est séparé de celui appelé le Libyar par l'Oued-el-Call, sur les bords duquel s'étendent d'assez bonnes prairies; on y trouve aussi deux fontaines abondantes, avec de grands bassins destinés à servir d'abreuvoirs aux bestiaux; elles sont sur les routes d'Alger et près des deux ponts : l'une s'appelle Sarig-Aïn-Semar, c'est-à-dire bassin et fontaine du jonc, et l'autre Sarig-Aïn-Mahmoud, c'est-à-dire bassin et fontaine Mahmoud, du nom du fondateur de cette œuvre pie. Ces prairies appartenaient à une société de Maures venus d'Espagne; elles sont aujourd'hui la propriété de Français.

C'est sur le territoire du Libyar que prennent naissance ces ravins tapissés d'une si riche verdure, et profonds de trois ou quatre cents pieds, dont les environs d'Alger sont si tourmentés, et qui vont aboutir près de la mer. Toute cette partie est couverte de maisons de campagne entourées de massifs d'arbres superbes, qui, vus de la mer, offrent un aspect fort pittoresque (*a*).

Le Boujaréah est également couvert de maisons de campagne, au milieu desquelles se trouvent trois adouards ou hameaux. Les habitans n'ont jamais abandonné leurs demeures; ils se livrent avec soin à l'agriculture ou à l'éducation des bestiaux. Respectés par nous, dans leurs propriétés et leurs mœurs, ils nous ont toujours montré de la bienveillance, et ils approvisionnent de légumes et de lait les troupes qui occupent le poste de la Vigie. C'est le point le plus salubre des environs d'Alger, et les Turcs en fesaient leurs hospices de convalescence. *Boujaréah.*

Cette salubrité est si reconnue des indigènes, que la valeur des propriétés y était triple de celle des environs de Mustapha-Pacha, bien que le sol en soit d'une qualité peut-être inférieure.

On assure que cette montagne renferme des mines de plomb fort riches et d'une exploitation

(*a*) Ces maisons, devenues en grande partie la propriété de Français, ont été dépouillées de ces arbres.

facile. On ne sait sur quoi repose cette opinion et si elle mérite quelque confiance, le temps n'ayant pas permis d'exécuter les essais projetés.

Maisons. Ici toutes les maisons sont uniformes et construites sur un même modèle. Celles des riches ne diffèrent de celles des pauvres que par les dimensions, les décors et la richesse des matériaux. Grandes portes, appartemens spacieux, plus longs que larges, d'une hauteur remarquable; plafonds en bois, sculptés, peints, dorés, ayant de petites lucarnes oblongues destinées à laisser passer l'air; vitres et murs couverts de sentences tirées du *Coran*; briques peintes ou dorées tenant lieu de tapisseries; tapis précieux et coussins d'étoffes d'or et de soie; galeries ornées de colonnes de marbre; pavés hexagones aussi en marbre blanc; cours cloîtrées, souvent rafraîchies par des fontaines d'eau jaillissante; croisées petites, grillées en cuivre sur les cours intérieures; terrasses au lieu de toits : tels sont à peu près les distributions, les ornemens et les ameublemens que l'on trouve partout.

La même structure règne dans les maisons de campagne, blanchies à la chaux deux fois par an comme celles de la ville; des murs de douze pieds de haut, et des palissades de cactiers épineux et d'aloès impénétrables, les entourent et en mettent l'habitant à l'abri de toute insulte. C'est à travers ces haies qu'il faut chercher un sentier tortueux qui conduit à l'entrée de la maison. Dans toutes il y a des puits et des norias.

Autour d'Alger il n'y a point de chemins proprement dits. On n'y trouve que des sentiers plus ou moins battus, tous les transports s'y fesant par des bêtes de somme et particulièrement des mulets. Les chameaux viennent de la Mitidjiah et d'au-delà; cependant on voit encore quelques restes de routes pavées, assez larges, et dont quelques-unes paraissent avoir été l'œuvre des Romains. *Chemins.*

Ce vaste massif, auquel est adossé Alger, se divise, comme on l'a vu, en divers plateaux dont la nature des terrains est fort différente. *Massif d'Alger.*

Il est borné à l'Est et au Nord par la mer, à l'Ouest par la Massafran, et au Sud par les hauteurs du Sahal, continuées jusqu'au Haratch sous le nom du Quoubba. Elles séparent le territoire d'Alger de la Mitidjiah (*a*), qu'elles abritent des vents du Nord. Il est habité par des Maures et quelques tribus paisibles, livrées à l'agriculture et à l'éducation des troupeaux. En général, le territoire d'Alger est montueux et sillonné de ravins profonds. Il paraît avoir été bouleversé par de fréquens tremblemens de terre.

La même constitution se fait remarquer sur l'Atlas et au-delà jusqu'aux bords du Scheliff.

(*a*) Voyez chapitre IV de la deuxième partie, détails sur la Mitidjiah.

Sol. Le sol en est fort varié. On y trouve depuis l'argile jusqu'au sable pur en approchant de la mer.

Le ciel en est beau et pur ; le climat chaud et sec.

Climat. Du mois d'Avril à la fin d'Octobre, il ne pleut point à Alger, et les orages, si fréquens sur l'Atlas et au pied de ces montagnes, y sont très-rares. Cependant on y est souvent incommodé de brouillards épais qui s'élèvent surtout de la Mitidjiah.

Le bois y est rare, même pour les besoins de la vie. La frugalité des indigènes ne leur permet pas de s'en apercevoir.

Eaux. Les sources d'eau vive y sont nombreuses, et il est difficile de comprendre comment un avantage si précieux dans un tel climat y est resté problématique jusqu'au jour de notre conquête.

On assure avec confiance que les productions exotiques, telles que le café, le sucre, l'indigo, la cochenille et le coton, peuvent y être facilement acclimatées. Ces assertions, que rien ne justifie, sont au moins hasardées. Voici ce que nous savons à cet égard.

Productions coloniales. Quelques essais en coton et en indigo ont réussi ; mais leurs produits ont été si faibles, qu'après deux ans d'expérience la culture en a été abandonnée.

Le nopal, sur lequel vit la cochenille, y croît naturellement. Quelqu'un avait offert de l'y transporter au compte du Gouvernement, et cette proposition aurait été peut-être accueillie, si des particuliers n'avaient entrepris cette tâche à leurs risques et périls. On préféra leur en laisser le soin ; car les propriétaires font toujours mieux et à meilleur marché que l'État. Il est pourtant à craindre que les pluies qui tombent par torrens, à la fin de l'automne et au commencement de l'hiver, n'en rendent les récoltes fort incertaines (*a*).

On a semé des graines de cafier; elles n'ont pas levé. Personne, sans doute, ne sera tenté d'essayer la culture d'un arbre qui ne croît pas en Égypte, dans un pays où la datte ne mûrit point.

Il n'est pas probable non plus que la canne à sucre puisse être cultivée ailleurs que dans les jardins des amateurs. Jadis cette culture y fut tentée, et, malgré les circonstances favorables où se trouvait le pays sous plusieurs rapports, elle ne put y prospérer.

D'après des renseignemens certains, à Tunis même, bien que la température y soit constamment plus élevée, cette plante ne donne pas des produits assez riches pour qu'on puisse se livrer à sa culture.

Il ne faut pas oublier que peu après la chute des premières pluies, l'Atlas se couvre de neige, et qu'elles y durent jusqu'au mois de Mars. Cette

(*a*) Cette prévision s'est réalisée.

circonstance et l'abondance des rosées y rendent les nuits très-froides. Dès le mois d'Octobre, la figue banane cesse d'y murir, et, parfois, comme en 1830, n'y mûrit pas du tout. Enfin, j'ai vu, au mois de Novembre, les fèves et les pois frappés de mort par le froid de la nuit.

Une observation importante peut servir à éclairer cette question. A la Martinique, à Porto-Ricco, et aux autres îles du vent, le thermomètre de Réaumur ne descend jamais au-dessous de 10^d au-dessus de zéro (*a*), ou de 12^d 1/2 centigrades. A Alger, au contraire, les observations faites pendant le cours de la première année de notre occupation, prouvent que la température y est descendue à 1^d 80″ centigrades (*b*), c'est-à-dire, près de 11^d au-dessous de celle où croissent dans ces pays les plantes dont nous venons de parler. Il est encore à remarquer qu'en certaines années la température est bien plus froide, puisque l'oranger y est frappé de mort, phénomène qui n'arrive que lorsque le thermomètre descend à 5^d Réaumur au-dessous de zéro. Enfin, Shaw observe que, dans l'espace de douze ans, il a vu deux fois de la neige à Alger.

Il serait utile que les dernières observations que nous avons faites fussent renouvelées et dirigées

---

(*a*) Volney, des États-Unis d'Amérique.

(*b*) Carte d'Alger des bureaux topographiques au Ministère de la Guerre.

vers un but propre à les rendre utiles à l'agriculture. Ainsi, il conviendrait de constater la température de la nuit à des heures diverses, afin d'apprécier, d'une manière exacte, la différence de celle-ci avec celle du jour ; différence que les impressions de l'air au bivouac font paraître excessive.

Une culture qui promettrait de riches produits serait celle du mûrier et de l'olivier. Les mûriers qui restent encore à Staoueli, et la vigueur des oliviers qu'on trouve dans les haies et sur plusieurs points de la Mitidjiah que nous avons parcourus, et où ils forment des forêts épaisses, prouvent combien ces arbres conviennent au sol et au climat.

Fertilité de l'Afrique selon les Anciens.

Ce que les auteurs anciens nous racontent de la fertilité de l'Afrique, passe toute croyance. Pline et plusieurs autres écrivains assurent que le froment y rend 100 et 150 pour un ; ils racontent qu'un Préfet envoya à Auguste 400 tuyaux de blé, et à Néron 340 provenant d'un seul grain.

Cause d'une grande erreur.

Mais c'est par suite d'une grande erreur ou d'une distraction fort étrange, qu'invoquant des souvenirs classiques confus, on a voulu s'étayer de ces témoignages pour en tirer des inductions favorables à la fertilité actuelle de la Régence d'Alger.

En général, par Afrique, les anciens auteurs n'entendent que la province romaine formée de l'ancien territoire de Carthage ; mais ils n'attribuaient cette fertilité étonnante qu'au Byzantium, district au Sud de Tunis, dont Adrumète était la ville principale (*a*).

La Régence d'Alger était divisée alors en deux provinces ; celle au-delà de l'Atlas s'appelait Numidie, et celle en deçà Mauritanie-Césarienne, dont Iol était la capitale. Le Roi JUBA en changea le nom en celui de Césarée. Ce fut après le meurtre de son fils PTOLOMÉE par CALIGULA, que CLAUDE la convertit en province romaine.

Les auteurs ne disent rien de sa fertilité ; STRABON et SALLUSTE font remarquer que les cantons les plus voisins de la Mauritanie-Tingitane (aujourd'hui le Maroc) étaient d'un meilleur revenu et de plus de ressources (N° 1). Il en est de même encore aujourd'hui, car c'est de la province d'Oran que vient la plus grande quantité de grains.

Nous ne savons rien de positif sur ce pays sous les Vandales ni sous les Arabes.

Ce qu'on peut trouver à ce sujet dans les auteurs espagnols est peu digne de foi. Les relations qu'ils nous ont laissées de l'Amérique, où ils régnaient sans partage, donnent la mesure de la confiance que méritent leurs récits sur un pays qu'il ne leur a jamais été permis de visiter, tant leur nom y était odieux. Il est évident qu'ils n'ont pu nous transmettre que des contes populaires, ou les rêves de leur imagination.

(*a*) PLINE, description de l'Afrique, liv. V, chap. IV.

L'espèce de domination des Espagnols sur ces côtes, au commencement du 16e siècle, est plus apparente que réelle. Dans le fait, ils ne possédèrent que Tunis, Bugie et Oran. Jamais ils ne furent maîtres d'Alger, et la tour qu'ils bâtirent au Nord de l'île (et qu'on voit encore aujourd'hui) pour brider cette ville, leur fut enlevée cinq ans après.

Selon MARIANA, Alger était alors peu de chose; mais depuis, ajoute-t-il, elle est devenue fameuse, la terreur de l'Espagne; elle s'est élevée à nos dépens, enrichie de nos dépouilles.

Il est bien permis de penser qu'un peuple de pirates se livrait peu à l'agriculture.

Il faut venir jusqu'au 18e siècle pour avoir des notions saines sur ces contrées. Nous les devons au docteur SHAW, et tous les jours on est à même d'en vérifier l'exactitude.

Chapelain du Consulat d'Angleterre, il vécut douze ans à Alger. Savant dans les langues orientales, il put, avec l'agrément du Gouvernement et sous l'escorte des Janissaires, parcourir et visiter avec fruit les Régences d'Alger et de Tunis.

D'après ses récits, alors, comme aujourd'hui, les pâturages y sont riches et abondans de Novembre en Juillet; les jours y sont chauds et les nuits très-froides; les vaches y donnent peu de lait, et, par une grande singularité, elles le perdent dès qu'on les prive de leurs nourrissons.

Selon lui, les blés y produisent de huit à douze. L'état de friche où nous avons trouvé le pays ne nous a pas permis de vérifier ce point d'économie agricole. D'après les observations que vient de publier Mr le Général DE BROSSARD, cette fertilité aurait diminué, car il fixe le produit des grains de six à sept pour un. Il est vraisemblable que la faiblesse de ce résultat tient, en grande partie, à la mauvaise méthode de culture qui y est en usage.

Alger. Population.

Il n'y a rien à ajouter à ce qu'on a dit sur la position d'Alger et son étendue, mais on a beaucoup exagéré sa population. On n'y compte aujourd'hui qu'environ dix-sept mille Maures, Colourlis et Turcs, douze cents esclaves à leur service, et cinq mille juifs. Les émigrans au moment de la conquête ne peuvent pas s'élever à plus de dix ou douze mille.

Les esclaves sont des nègres qui appartiennent à différentes peuplades; car les uns ont des traits fort réguliers, tandis que les autres ont le nez épaté et les lèvres grosses (*a*).

Les différens arts et métiers étaient exercés par des corporations; mais ce qui étonnera sans doute beaucoup, c'est que les enfans des plus riches

---

(*a*) Il se pourrait que les premiers fussent le produit des Maures avec des négresses. Je n'ai pas été à même de le vérifier.

habitans apprenaient tous un métier et souvent l'exerçaient.

Les portefaix sont des Arabes venus des bords du Sahâa; ils forment une corporation sous la dénomination de Biscri; elle a le monopole du colportage, mais elle n'en jouit pas à titre gratuit, car, non-seulement leur travail est taxé, mais ils sont encore chargés, moyennant la redevance d'un sou, de la garde des boutiques pendant la nuit. Ces Biscri, semblables aux Savoyards et aux Auvergnats, retournent chez eux dès qu'ils ont gagné quelque argent, et y achètent des palmiers.

Une autre association d'étrangers, appelée Beni-Mezab, avait le monopole des boucheries et des bains, mais elle a été supprimée à la fin de 1831.

Maures, Arabes, Cabaïls ou Cabyles.

Les Maures sont d'une stature moyenne; ils ont la peau blanche, le teint coloré, l'œil grand, et les traits réguliers. On ne peut rien voir de plus beau qu'un enfant maure jusqu'à l'âge de treize ou quatorze ans; plus tard, il a des dispositions à l'obésité.

Caractère des Maures.

Leur caractère est grave, sérieux, et leur maintien plein de dignité; on y reconnaît les débris d'un grand peuple, mais leur courage paraît aujourd'hui bien dégénéré; au moins étaient-ils peu estimés des Turcs sous ce rapport. « Laissez, » écrivait Ibrahim, Aga, pendant la dernière campagne, à son beau-père, laissez les habitans

» d'Alger dans leur ville, et ne me les envoyez » pas. »

Les Algériens profitent rarement de la liberté que leur laisse la loi de prendre plusieurs femmes; on en use plus souvent à la campagne. Mais je suis fondé à croire que la politique a beaucoup de part à ces unions. Les riches y trouvent le moyen de se créer des appuis utiles dans plusieurs tribus à la fois.

Des Arabes et des Cabaïls.

L'Arabe et le Cabaïl ont la taille élevée, le corps grêle mais fortement musclé; leur teint est basané, et, tout jeunes encore, leur front est sillonné de rides profondes. Ils vont demi-nus. Le *haïc* dont ils se drapent n'est qu'une pièce d'étoffe de laine blanche, longue et très-étroite, qui leur enveloppe la tête dans toutes les saisons, s'attache aux épaules, et descend jusqu'à mi-cuisse (*a*). Ils sont fiers et pleins de mépris pour les Roumi : c'est sous ce nom qu'ils désignent les Européens. L'indépendance est leur passion dominante; l'amour de l'argent ne vient qu'après; à leurs yeux, tout habitant des villes est un homme dégénéré.

Grands complimenteurs, d'une imagination vive et d'un caractère excessivement mobile, on ne peut compter sur leur parole. Ils sont rusés,

(*a*) Tel devait être le vêtement de David, lorsque, dansant devant l'arche, il encourut les reproches de sa femme Mical. Sam., liv. II, chap. VI, vers. 16, 20 et 22.

avides d'argent, et perfides selon l'intérêt du moment. Au reste, on trouve, parmi ces peuplades, plus d'instruction que dans beaucoup de nos villages, et l'enseignement mutuel, qu'on ne peut y introduire, est, de temps immémorial, en usage sous le *himas* (tente) de l'Arabe, et la *gourbie* (hutte) du Cabyle.

Ces peuples, ou plutôt les Arabes, sont, au 19e siècle, ce qu'ils étaient dans la plus haute antiquité.

Leurs mœurs, leurs coutumes et les formes de leur langue ont traversé les siècles et les révolutions, sans subir presque d'altération. Quand on lit une lettre arabe, on croit avoir sous les yeux un chapitre de la Bible. Dans mon opinion, la parfaite et entière intelligence de ce livre saint est impossible lorsqu'on n'a pas long-temps vécu parmi eux.

Le *haïc* dont j'ai déjà parlé est presque toujours le seul et unique vêtement des gens de la campagne.

Le *bournous* est un autre vêtement de laine sans couture : il suppose une certaine aisance. C'est l'habit dont on fait présent aux personnes qu'on veut honorer. Il impose certaines obligations à celui qui l'accepte. C'est le *pallium* des Romains, la tunique de Jésus-Christ.

Jamais ces peuples n'abordent leurs supérieurs sans offrir quelque présent. Leur refus est le signe de la disgrace, et toujours une injure.

Le talion est la loi imprescriptible parmi eux. Le sang veut du sang ou une juste compensation ; jusqu'à ce rachat, la guerre est interminable. Cette loi est aussi sacrée pour les peuplades que pour les individus, et quand, au milieu de leurs querelles, le sang est répandu, on compte les morts, et il n'est ni paix ni trêve que lorsque des bestiaux ou de l'argent ont nivélé les pertes. La paix est presque toujours l'œuvre des *Marabets*.

Le pain dont ils font usage, plat, mince, sans levain et mal cuit, rappelle celui que Sara offrit aux anges voyageurs.

Le maître et l'esclave s'asseyent à la même table. Ignorant l'usage des fourchettes et des cuillers, chacun met à son tour la main droite au plat. Ceci explique la criminalité de l'action de Judas, pendant les dernières Pâques de J.-C.

L'art d'enfouir les grains dans des souterrains éloignés des habitations, pour les soustraire, tant à la rapacité de l'ennemi, qu'aux intempéries de l'air, s'est conservé parmi eux avec soin. Ils appellent ces asiles *matamores*.

Enfin, les femmes, toujours voilées, n'en renoncent pas pour cela au droit de plaire. Pour augmenter leurs charmes, elles teignent leurs sourcils en noir, et les ongles de leurs mains et de leurs pieds avec le *henné ;* usage que les Romains et les Grecs avaient adopté.

Le Cabyle. Le Cabyle, qu'on croit le descendant des Numides, habite les montagnes, et toujours il est redoutable à l'homme de la plaine. Outre une langue propre, totalement différente de l'arabe, il se distingue par ses goûts sédentaires et plus de férocité dans le caractère.

Les Maures, façonnés au joug, sont faciles à gouverner. Jamais on ne les voit éluder les réglemens, et ce trait les distingue des Juifs qu'ils méprisent profondément. Habitués à l'obéissance, et amollis par les jouissances de la vie, ils ne demandent à leurs nouveaux maîtres que de ne pas être traités en ennemis. *Les Maures.*

La susceptibilité de ces peuples, pour tout ce qui touche à la Religion et à leurs femmes, est incompréhensible à un Européen. Ce n'est qu'avec une extrême réserve, et en s'adressant à des hommes dont on est beaucoup connu, qu'on peut hasarder quelques questions sur ces matières délicates. Dans tout autre cas, ce serait une offense mortelle. *Leur susceptibilité.*

La sobriété est encore un autre trait distinctif de ces peuples. L'Arabe et le Cabaïl vivent de quelques dattes, de quelques figues de Barbarie, ou bien délaient un peu de farine dans le creux de leur main, l'avalent, boivent de l'eau par-dessus, et se trouvent suffisamment repus. Du tabac à fumer et du café sont les plus grands de leurs besoins. Aussi, sur tous les chemins, voit-on, près des fontaines, des cafés où, pour deux liards, ils *Leur sobriété.*

trouvent une tasse de café excellent. Dans les villes, les Juifs seuls mangent du bœuf; le reste des habitans préfère le mouton, goût commun à la population du Midi de la France.

Suite de leurs mœurs.

L'intérieur d'une famille maure est un sanctuaire inaccessible pour tout autre que pour le maître, et où l'œil de l'étranger ne pénètre jamais; car toute femme dont la face aurait été vue, serait une femme souillée; aussi n'aurai-je que peu de choses à dire de leurs mœurs domestiques; et tous les détails que de prétendus voyageurs en ont débités, sont autant de contes qui ne méritent que le mépris.

Ce peuple est religieux et plein de respect pour le serment; plusieurs fois j'ai éprouvé que, malgré son avidité, il reculait devant un parjure. Peu fanatique aujourd'hui, il est susceptible d'être fanatisé, et un homme habile en ferait encore un peuple de conquérans; car il vit de rien, est dur à la fatigue, brave et méprise la mort.

Le culte des morts est, pour les Musulmans, un devoir saint et vénéré, et la profanation des tombeaux un crime horrible. Aussi aiment-ils à les orner de marbres et de dômes, à les embellir de fleurs, et à les ombrager de palmiers et de figuiers. Là souvent ils viennent se reposer, méditer et fumer lentement la pipe. Les tombes sont isolées, et chaque cadavre enseveli sous une voûte en briques.

Je ne surprendrai personne quand je dirai que ces peuples sont livrés à beaucoup de superstitions ; ainsi, ils croient aux amulettes, aux songes, à la vertu de certains mots, à la puissance du regard envieux, aux fascinations ; et les mains ouvertes qu'on trouve peintes ou sculptées sur beaucoup de monumens publics, ne sont qu'une sorte de talisman propre à les conjurer. Mais quel est le peuple d'Europe, au milieu de notre civilisation si vantée, qui ne soit en proie à des croyances aussi déréglées? Du reste, ils sont loin d'être, en matière de religion, aussi absurdes que nous le supposons, et l'idée qu'ils se font de la divinité, est bien plus élevée que celle de beaucoup de chrétiens. *Leurs superstitions.*

Le dogme du fatalisme n'est pas aussi absolu chez eux qu'on le croit communément, car il n'exclut pas les précautions de la prudence humaine. C'est plutôt un motif de résignation au milieu des malheurs dont on est affligé.

MAHOMET n'est pour eux qu'un grand prophète qui a été soumis à toutes les conditions de l'humanité. C'est le consolateur que SIDI-ISSA (JÉSUS) promit au monde. SIDI-ISSA, au contraire, lui est bien supérieur. Créé par la volonté seule de Dieu, il a été enlevé vivant au ciel, et Dieu ne livra qu'un fantôme à la rage des Juifs. Revenons à Alger.

Cette ville est abreuvée par les eaux qui y sont *Eaux qui abreuvent la ville.*

conduites de toutes les hauteurs environnantes. Elles sont distribuées avec intelligence en une foule de fontaines qui coulent dans toutes les rues. Des tasses pour le service des passans y sont suspendues à des chaînes de fer (*a*).

Dans aucun pays, les eaux ne sont recueillies avec autant de soin que dans ces contrées où le Gouvernement s'occupe peu du bonheur des peuples. Sur toutes les routes, on trouve des réservoirs pour les bestiaux et des fontaines pour les hommes; aux environs d'Alger, il en est plusieurs décorées de colonnes en marbre blanc, qui seraient belles à Paris même; on doit admirer en cela la profondeur du génie du législateur arabe, qui sut lier à la Religion le premier besoin de ces peuples.

L'entretien de ces canaux et de ces fontaines ne coûte rien à l'État; des fondations pieuses y ont pourvu, et l'administration reste étrangère à l'emploi de ces fonds; son action se borne à une simple surveillance.

Établissemens de bienfaisance.

Il est, à Alger, plusieurs autres établissemens de bienfaisance, tels que les *Hab-Ouse*, destinés aux églises, aux pauvres, et aux pèlerins de la Mecque, etc. Si un étranger tombe malade, on ne se borne pas à l'envoyer à l'hôpital, on le nourrit,

---

(*a*) Donner de l'eau à un passant est une œuvre pie; aussi voit-on beaucoup de Maures tenir constamment sur le devant de leurs boutiques, un vase plein d'eau destiné à cet usage.

on l'entretient selon son état, et, après sa guérison, on lui donne les secours nécessaires pour faire sa route ; s'il meurt, son corps est lavé, et ses funérailles faites avec le même soin que celles des riches : là sont inconnus les scandales qui nous déshonorent ; chez eux ils seraient des crimes irrémissibles.

Les fonds de ces établissemens sont distincts et séparés. Dans la persuasion où nous sommes et que rien ne justifie à mes yeux, que notre administration est le type de la perfection, nous voulons en prendre la direction. Il est bien à craindre que le service public ne souffre de cette mesure, et, à coup sûr, elle excitera le mécontentement (*a*).

Le Clergé jouit, dans ce pays, de beaucoup de considération, et exerce une grande influence ; cela doit être ; partout et dans tous les temps, la puissance sacerdotale est en raison directe de la foi, et en raison inverse de la civilisation et des lumières ; mais, outre ces causes générales, elle en a ici une toute particulière qui agit puissamment sur le peuple. *Clergé.*

La loi civile fesant partie de la loi religieuse, le même homme est à la fois prêtre et juge ; il rend la justice sans frais, sans retard, et sans le secours d'huissiers, ni de procureurs. Dans une heure, le *Cadi* prononce vingt jugemens qui traî-

---

(*a*) Cela s'est vérifié.

neraient vingt ans dans nos tribunaux, et il est rare qu'ils donnent lieu à des réclamations. Ce mode de procédure est assurément un grand bienfait, et ces peuples l'apprécient, surtout depuis qu'ils ont eu un échantillon de notre justice.

S'il faut en croire le *Muphti* de la grande mosquée, vénérable vieillard pour qui tous les hommes sont les enfans de Dieu, il n'en est pas ainsi dans toutes les villes de la Régence. « Ici, à Alger, » me disait-il, le Gouvernement ne s'immisçait en » rien dans le collége des *Ulémas*. Les vertus et » le savoir élèvent seuls aux différentes dignités, » et mes enfans en seront privés s'ils ne les méri- » tent pas. Mais dans d'autres lieux, tels qu'à » Bone, à Constantine, le Gouvernement nommait » aux emplois par faveur ou pour de l'argent, et » la justice s'y ressentait de cette origine. » Ainsi, même sur ces plages que nous aimons à qualifier de barbares, l'indépendance des juges et les avantages d'un choix libre y sont justement appréciés.

La piété des fidèles a pourvu à l'entretien du Culte. Des maisons dans la ville et des propriétés rurales y sont spécialement affectées. Au reste, quelque faible que soit le traitement dont jouissent les personnes qui y sont attachées, le nombre en est si grand que les frais du Culte doivent y être fort dispendieux. Dans la grande mosquée d'Alger, cent dix-sept individus y sont employés.

Les *Muphti* sont payés sur ces mêmes fonds,

mais leur part n'en est pas bien large ; s'ils n'appartenaient aux plus riches familles, leur traitement fournirait à peine aux premiers besoins de la vie. Sous l'ancien Gouvernement, le Dey, quand il en était content, leur envoyait en présent deux sequins (environ dix-huit francs), à l'époque de la solde des Janissaires, c'est-à-dire tous les deux mois. Mais s'ils sont peu riches en argent, ces prêtres n'en sont que plus puissans en crédit et en considération.

J'oubliais de parler d'une espèce de religieux qui n'a point d'analogue en Europe. Ce sont les *Marabets*, que nous nommons *Marabouts*. Saints vivans ou enfans de saints, ils exercent sur les peuplades une influence immense. Les chefs de la Religion eux-mêmes professent pour eux la plus haute vénération. Ils peuvent, à leur gré, faire beaucoup de bien ou de mal ; car ils tiennent dans leurs mains la paix ou la guerre. *Marabets.*

Je citerai deux traits qui feront connaître toute leur puissance.

Peu après la prise d'Alger, des Juifs furent dévalisés sur la route de Blida. Un des voleurs, reconnu quelques jours plus tard à Alger, fut arrêté et mis en prison. Un *Marabet*, muletier de son état, vint demander sa grâce, et promit d'apporter, quatre jours après, les cent et tant de pièces d'or qui avaient été enlevées aux Juifs, et il tint parole.

Au Sud-Est d'Alger, dans les montagnes, il y a une mosquée célèbre appelée *Gueremaï*; elle est desservie par Sidi-Zid, *Marabet*.

En 1831, les montagnards, au nombre de plusieurs mille, s'y réunirent et lui dirent : « Tu es » grand parmi nous, mène-nous contre les infi» dèles. Je suis homme *Marabet*, leur répondit» il, je veille à votre bonheur ; retournez dans » vos montagnes ; je vous appellerai quand il en » sera temps; » et ils obéirent.

CHAPITRE II.

Préparatifs. — Composition de l'armée. — Arrivée de Mr le Dauphin à Toulon. — Embarquement de l'armée. — Départ. — Séjour dans la baie de Palma. — Arrivée dans la baie Ouest de Sidi-Ferruch.

Préparatifs et soins du Ministère.

Les désastres des Espagnols, les prédictions sinistres de l'Opposition, les craintes publiques, et le sentiment de sa propre conservation, imposaient au Ministère le devoir de ne négliger aucune des mesures que la prudence humaine pouvait suggérer pour assurer le succès de l'entreprise.

Aussi les besoins de l'armée furent-ils largement prévus, les difficultés locales calculées avec soin, et les moyens de les vaincre préparés d'avance. On porta la minutie des détails jusqu'à préparer, en France, des gabions et des fascines. Cette circonstance est remarquable; elle prouve combien le pays nous était inconnu, malgré le long séjour de nos Agens consulaires.

Dix-huit régimens d'infanterie, choisis dans l'armée parmi ceux dont les Colonels avaient la réputation d'être les meilleurs ou les plus dévoués, durent fournir deux bataillons chacun (*a*). Cha-

(*a*) Les régimens d'infanterie légère, à cause de leur faiblesse, ne fournirent qu'un bataillon.

que bataillon fut porté au-dessus de 800 hommes, et les compagnies d'élite jusqu'à 150.

Trop faibles pour fournir un tel contingent, ces régimens furent complétés, partie avec les hommes d'élite d'autres corps, et partie avec les hommes en congé d'un an dans les départemens les plus voisins.

Cette mesure, toute nouvelle, avait le grand inconvénient de donner aux corps des hommes inconnus; mais l'excellente composition de l'armée le rendit peu sensible. L'empressement avec lequel ces jeunes soldats répondirent à l'appel, est un exemple de plus de l'amour de notre nation pour tout ce qui est aventureux. Plusieurs de ces jeunes soldats, dans la crainte d'arriver trop tard, rejoignirent en poste.

Suite des préparatifs.

Les armes spéciales choisirent, dans leur sein, tout ce qu'elles avaient de plus distingué parmi les officiers.

L'Artillerie fournit 2,327 hommes avec un matériel proportionné à l'importance des opérations qu'elle devait exécuter, et le Génie 1,310. On joignit à ces forces 534 hommes de cavalerie légère. C'était beaucoup pour une escorte et bien peu pour combattre. Du reste, ils débarquèrent tard et n'eurent point l'occasion de se mesurer avec l'ennemi pendant le cours de la campagne.

Nomination des Généraux.

A la fin de Février, les Généraux furent désignés, et si l'opinion publique ne sanctionna pas tous les choix, il est pourtant juste de reconnaître qu'il y avait, dans ce nombre, plusieurs officiers recommandables par leur instruction et leur expérience de la guerre.

Le Général en Chef ne fut nommé que longtemps après; mais, dès cette époque-là même, le choix du Roi était connu. (Voyez la composition de l'armée, à la fin du chapitre.)

Activité de la Marine.

Dans nos ports, la Marine redoublait d'activité pour que les armemens fussent prêts à la belle saison; et l'on doit à la vérité de dire qu'elle fit des prodiges.

Au commencement d'Avril, l'Amiral DUPERRÉ se rendit à Toulon pour hâter les préparatifs de la Marine; et je l'ai vu, au mois de Mai, s'applaudir d'avoir complété en aussi peu de temps un armement aussi formidable. Cet orgueil avait quelque chose de légitime.

Une opération nécessaire, celle de reconnaître la côte et d'en sonder les mouillages, avait été négligée pendant les trois années qu'avait duré le blocus. L'Amiral en confia le soin à Mr MASSIEU DE CLAIRVAL, qui s'en acquitta avec succès, et il fut reconnu que, dans la baie Ouest de Sidi-Ferruch, les plus gros bâtimens pourraient mouiller à moins de trois encablures de terre. Dès-lors, le problème du débarquement fut résolu. Plus de doute sur la possibilité de l'entreprise; il ne s'agissait que de la faire en temps utile.

Tunis et Maroc. Les soins de l'administration ne se bornèrent pas là. Pour assurer nos succès, elle ouvrit des négociations à l'extérieur; et si les offres faites aux Beys de Constantine et d'Oran furent rejetées, on assura du moins la neutralité des Empires de Maroc et de Tunis, à qui le Gouvernement d'Alger était odieux et redoutable.

Tunis montra des dispositions plus favorables encore, car on nous y promit des vivres pour l'armée. Cet état avait, dit-on, des vues ultérieures. Il voulait établir à Constantine, dont il proposait de faire la conquête à ses frais, le frère du Prince régnant.

Ce nouvel état aurait payé un subside annuel à la France, et notre commerce y aurait joui de privilèges très-utiles.

Au commencement de Mai, tous le préparatifs étaient terminés, et l'armée concentrée autour de Toulon ou dans les Bouches-du-Rhône.

On ne peut réunir les troupes dans les camps d'instruction. Il eût été, sans doute, utile et avantageux de réunir d'avance, et dans des camps, ces troupes toutes jeunes et sans expérience; le succès de l'entreprise pouvait en dépendre; mais le Ministère ne l'ayant résolue qu'au commencement de l'année, le temps était trop court. A peine eut-on celui d'organiser les corps et de les faire arriver à leur destination, et les Généraux ne purent, ni les faire manœuvrer, ni apprendre à connaître les officiers qui allaient combattre sous leurs ordres;

désavantage immense qui sera apprécié par tous ceux qui ont fait la guerre.

A la même époque, les armemens de la Marine touchaient à leur fin, et tout donnait l'assurance que l'escadre pourrait mettre à la voile dans les premiers jours de Mai.

Le Dauphin arrive à Toulon.

L'arrivée à Toulon de Mr le Dauphin retarda ce moment de quelques jours; pendant son séjour dans cette ville, tous les travaux cessèrent. La population entière était sur ses pas; c'était une joie, une ivresse difficile à décrire, et, trois mois plus tard, il s'embarquait pour la terre d'exil, à l'autre extrémité de la France!

Ses occupations.

Le Prince visita les arsenaux, l'escadre et les établissemens publics. Le 4, on simula, en sa présence, un débarquement avec des chalands, qui ne ressemblait en rien à celui que nous opérâmes sur la côte d'Afrique. Ce spectacle fut magnifique; le temps était superbe, et cent mille personnes de tout sexe et de tout âge couronnaient, d'une manière fort pittoresque, les hauteurs de La Malgue et du Malbosquet.

Le 5, le Prince passa la revue de la 1re division, de l'Artillerie et du Génie. Les deux autres divisions furent réunies sur son passage et passées en revue sur différens points de sa route.

Cette revue était attendue avec impatience par les troupes; elles se flattaient que le Dauphin accorderait quelques grâces, quelques encouragemens à la veille d'une expédition si hasardeuse; mais leurs espérances furent déçues.

Après son départ, les préparatifs reprirent leur activité et furent bientôt terminés. La sortie de la flotte fut fixée au 15 Mai, et l'on s'occupa de l'embarquement des troupes.

Les deux Généraux en Chef.

Malgré les apparences de l'harmonie, on s'aperçut, à cette occasion, du peu d'accord et d'unité de vue des deux Généraux en Chef. Celui de terre pressait les dispositions de départ, et celui de mer trouvait des motifs pour les traîner en longueur. La mer était *aigre*, et le Nestor et le Superbe n'étaient pas encore arrivés. Ces deux vaisseaux de guerre, sans être d'une nécessité absolue, devaient compléter l'armement d'une manière avantageuse.

Nonobstant ces difficultés, l'embarquement des troupes commença le 11, et fut terminé le 16. Cette opération fut dirigée par Mr le Contre-Amiral Mallet, homme d'esprit et du caractère le plus conciliant.

Embarquement des troupes et leur ardeur.

L'armée monta sur les vaisseaux de l'État avec joie et confiance. Il y avait, dans cette entreprise, quelque chose d'aventureux qui plaisait à nos imaginations. Nous fûmes reçus par les officiers de la Marine, avec une politesse et une cordialité qui ne se démentirent pas un instant.

Leur réception à bord.

Pendant notre long séjour à bord des vaisseaux, nous eûmes le loisir et l'occasion d'étudier nos hôtes, et d'apprécier leur mérite et leurs qualités. Bientôt une confiance réciproque s'établit entre nous, et souvent nous entendîmes l'expression de leurs doléances, de leur mécontentement, je dirai presque de leur dégoût; et, il faut en convenir, jamais plaintes ne furent plus légitimes. *Nos hôtes*

Arbitraire.

Dans aucune autre administration, l'arbitraire n'a été plus insolent, les lois violées avec plus d'audace, ou interprétées avec plus de mauvaise foi que dans la Marine. C'est là que s'appliquait, dans toute la vérité, le mot de Beaumarchais sur les danseurs. La Révolution de Juillet fit naître des espérances qui ont été long-temps à se réaliser; et cette époque (je le dis à regret, mais cette vérité peut être utile) a été marquée par la violation la plus flagrante des dispositions de la loi sur l'avancement. L'arrivée au pouvoir d'un marin estimé a réparé le mal et ranimé la confiance.

Force de l'armée navale.

L'armée navale, forte de plus de six cents bâtimens de toute grandeur, était divisée en trois escadres et une division de réserve.

Les troupes de terre furent réparties, sur les trois escadres, de la manière suivante :

Répartition de l'armée de terre sur les vaisseaux de l'État.

La 1re division d'infanterie monta sur les bâtimens de la deuxième escadre; la 2me sur ceux de la première, et la 3me sur ceux de la réserve. L'Artillerie et le Génie furent placés avec l'infanterie, dans les proportions jugées nécessaires aux premiers besoins.

Les chevaux, le matériel, les approvisionnemens étaient répartis sur environ cinq cents bâtimens de transport, divisés en trois convois, et commandés par des officiers de marine.

Le Généraux en chef montent à bord de la Provence.

Ces immenses préparatifs étaient terminés le 17, et le 18, les deux Généraux en Chef montèrent à bord de la Provence; toute communication avec la terre fut défendue, et l'on s'attendait à mettre à la voile le matin suivant. Cette attente fut trompée; cependant les vents permirent à une partie des bâtimens de transport (les bateaux-bœufs) de sortir de la rade le 19, et de faire route vers Palma (Mayorque).

Le départ est retardé.

On se flatta un moment que toute l'armée suivrait cette direction; mais les vents passèrent vite à l'Est, et, malgré leur variation journalière, s'y maintinrent plus particulièrement jusqu'au 25.

Opinion de la Marine sur son chef.

Les marins avaient confiance dans la fortune et les talens de leur Général. Ils aimaient à raconter ses faits d'armes, et redisaient avec complaisance comment il avait exigé, en 1814, à la chute de l'Empire, réparation éclatante pour l'insulte faite au pavillon tricolore. Je regrette de ne pas connaître le détails de ce fait, où, dans mon opinion, se montre avec tant d'énergie le sentiment de l'honneur national. Néanmoins, on connaîtrait mal le caractère français, si l'on pouvait croire qu'au milieu de l'impatience dont était tourmentée l'armée, les opérations de l'Amirauté ne furent point contrôlées, censurées.

Les vents, disait-on, sont très-favorables pour aller sur les côtes d'Afrique, et si l'on eût profité, pour sortir, de ceux qui soufflèrent les 17 et 19, nous y serions déjà rendus; cela eût été facile, ajoutait-on, si on eût fait mouiller, sur la rade d'Hyères, les bâtimens de transport, comme le commandait la connaissance des lieux et des vents qui y règnent. Alors tous ces retards étaient évités, parce que les vaisseaux de guerre peuvent sortir de Toulon presque en tout temps. *Critiques.*

Enfin, d'autres, qui ne voyaient dans tous ces préparatifs qu'une vaine démonstration, croyaient plus aux obstacles politiques qu'à ceux de l'atmosphère et de la mer.

Un mot suffira pour montrer l'inanité de ces critiques et la légèreté avec laquelle nous censurons ce que nous connaissons le moins. On en trouvera plusieurs fois la preuve dans le cours de cette campagne. Si j'ai moi-même signalé quelques-unes de ces improbations, ce n'a été que pour conserver, aussi fidèlement que possible, la physionomie de l'armée. On regardait les cables en fer comme nécessaires pour parer au danger des mouillages sur ces côtes redoutées, et l'Amiral en attendait prochainement. N'eût-il pas été blâmable de négliger un moyen propre à prévenir des malheurs qui eussent été irréparables? *Leur réfutation.*

C'est au milieu de tous ces préparatifs et de ces contre-temps, qu'on apprit la modification du Mi- *Modification du Ministère.*

nistère, la retraite de MM[rs] CHABROL et COURVOISIER, et la dissolution de la Chambre des Députés.

Son effet sur M. de Bourmont.

Ces nouvelles, qui produisirent des impressions diverses dans l'État-Major de M[r] DE BOURMONT, redoublaient l'impatience de ce dernier : ces événemens, disait-il, nous font un devoir d'obtenir des succès avant la réunion des Colléges Électoraux. L'Amiral ne paraissait pas partager cette impatience, et des esprits ombrageux en prirent occasion de se livrer à mille conjectures diverses.

Départ de la flotte.

Enfin, ce moment si désiré du départ arriva : le 25, les vents du Nord-Ouest soufflèrent ; la flotte appareilla et mit sous voile vers les deux heures de l'après-midi. A sept heures, les trois escadres étaient en pleine mer ; le point de ralliement était le cap Caxim (*a*). Le convoi des transports resta dans la rade de Toulon ; il devait partir 24 ou 48 heures plus tard. Cette disposition de prudence, que dicta la crainte d'un encombrement dans une rade peu connue, fut encore un sujet de blâme. Pourquoi ne pas partir tous ensemble, se disait-on ? Comment, après avoir éprouvé l'inconstance des vents, vouloir se mettre à leur merci ? N'est-ce pas se créer des difficultés à plaisir ? Est-on sûr que la mer sera belle et sans orages plusieurs jours de suite ? Et si le contraire arrivait, ne pourrions-nous pas être

(*a*) *Ras Acconnater.*

descendus sur les côtes d'Afrique, tandis que nos chevaux, ou courraient les mers, ou seraient dans la rade de Toulon ; et, dès-lors, quels dommages pour l'expédition !

Tahir-Pacha.

La nécessité de marcher réunis rendait notre marche lente. Le 26, à sept heures du matin, nous étions encore en vue des côtes de Provence. A la même heure, on signala, au Sud-Est, une frégate turque avec pavillon carré au grand mât, accompagnée de la frégate française la Duchesse de Berry : elle portait TAHIR-PACHA.

Sa mission.

Ce personnage, que la Grand'Porte envoyait à Alger, fut arrêté par notre escadre de blocus ; un accueil favorable ne l'attendait pas dans cette ville. HUSSEIN, qui le regardait comme un ennemi personnel, le croyait porteur du cordon fatal, et avait ordonné de faire feu sur lui et de le couler bas dès qu'il paraîtrait.

L'Amiral français le salue.

L'Amiral français fit voile à sa rencontre, le salua et s'entretint long-temps avec lui ; à deux heures, l'escadre continua à faire route vers les îles Baléares, et TAHIR-PACHA se dirigea sur Toulon. L'apparition de ce Turc nous fut utile. Dans la ville d'Alger, on le crut au milieu de nous, et cette opinion nous y fit des partisans.

Le 28, le bateau à vapeur le Souffleur signala qu'il portait des dépêches importantes et un passager pour le vaisseau amiral.

Étrangers qui suivent l'armée.

Nous sûmes plus tard que c'était Mr le Colonel

d'artillerie russe Filosofof qui se rendait à l'armée comme amateur.

Outre cet officier supérieur, deux autres étrangers de distinction s'étaient rendus auprès de Mr de Bourmont : c'étaient Mr le Prince de Schwartzemberg, Autrichien, et Mr Mentzel, officier de la marine anglaise. Ce dernier combattit continuellement à la tête des tirailleurs de la 1re division. Je ne parle pas des volontaires français ; ils étaient nombreux dans toutes les divisions, et le plus grand nombre appartenait aux officiers de l'ancienne armée qui n'avaient point trouvé place dans la nouvelle. Ils combattirent au premier rang, sans solde et sans traitement.

Volontaires français.

Le 29, vers midi, nous étions à la hauteur de l'île *Cabréra*, rocher stérile, sans végétation, sans habitans, et désormais célèbre par le supplice lent et cruel que les Espagnols y firent subir à nos malheureux compatriotes pris à Baylen.

Ile Cabréra.

Le 30, nous communiquâmes avec l'escadre de blocus; à onze heures nous étions en vue des terres d'Alger, et nos cœurs palpitaient d'allégresse, lorsqu'une manœuvre inattendue fit faire à la flotte lof pour lof, c'est-à-dire une contre-marche complète.

L'escadre arrive en vue d'Alger.

Contre-marche.

Cet ordre, que l'état de la mer ne paraissait pas justifier aux yeux de beaucoup de monde, l'arrivée des dépêches et de l'étranger dont j'ai parlé, firent naître mille conjectures. Le plus grand nom-

Critiques.

bre y trouva la preuve que l'expédition était avortée, tandis que les autres, au contraire, n'y virent que le dessein d'attendre le convoi des bateaux-bœufs qui nous avait précédé. C'était effectivement le motif de ce mouvement, car, en s'éloignant des côtes africaines, l'Amiral ordonna au brick l'Actéon de reconnaître au cap Caxim une flotille de cent voiles et de la rallier. Sans ces bateaux-bœufs, disait-on, le débarquement ne saurait se faire. Cette opinion n'était point partagée par beaucoup de marins, et l'événement prouva la vérité de leur prévision ; car il s'effectua sans qu'ils y prissent part. Il eût été plus simple et plus naturel de se rendre dans ces parages pour s'en assurer ; mais la crainte qu'inspiraient ces côtes fit regarder une pareille manœuvre comme dangereuse, dans cette circonstance où rien ne devait être donné au hasard.

Motifs de ce mouvement.

Le 1er Juin, le vent continua à souffler à l'Est, et aurait été favorable pour débarquer ; mais il fallait rallier le convoi, et nous poursuivîmes notre route vers le golfe de Palma ; la troisième escadre reçut l'ordre d'y mouiller ; les deux premières en reçurent un contraire. En arrivant dans ces parages, nous y fûmes joints par une partie du convoi que nous avions laissé à Toulon, et qu'un coup de vent avait dispersé le 28 Mai.

Partie de l'escadre mouille à Palma, le reste croise dans la baie.

Le 3, le brick l'Actéon vint rendre compte que les bateaux-bœufs avaient été trouvés au cap

Caxim; l'Amiral en prévint la Créole, que montait Mr Hugon; on remarquait ces mots dans la dépêche télégraphique : *flotille venir après demain; nous partir*. En effet, ces faibles bateaux, après avoir été au rendez-vous du cap Caxim, revinrent à Palma sans avoir éprouvé d'avaries considérables, et furent en état de reprendre la mer bientôt après.

Plaintes. Depuis notre départ de Toulon, les vents et la mer nous avaient été favorables, et l'on se plaignait de notre séjour à Palma. On pensait qu'il eût été utile de débarquer et de s'établir sur les rives africaines, en attendant que les bâtimens des différens convois nous y eussent ralliés.

Si la politique n'est pas cause de notre inaction, si l'Amiral n'a pas l'ordre de ne pas débarquer, rien, se disait-on, ne peut justifier la perte d'un temps si précieux ; il serait plus sage d'attendre, sur les rives africaines, la réunion de tous nos moyens, que dans la baie de Palma; on profiterait d'un vent propice, d'une mer calme et d'un clair de lune superbe pour débarquer les troupes, et rien ne nous en garantit un pareil pour l'avenir; on terminerait les travaux de précaution qu'il faudra toujours faire sur ces plages, et l'on pourrait agir avec vigueur dès que toutes nos ressources seraient rassemblées. Les vivres ne peuvent nous inquiéter, la Marine ayant les moyens d'en pourvoir l'armée de terre pour un mois, et une partie de nos munitions étant à bord des gros vaisseaux.

L'arrivée de deux bâtimens du blocus vint augmenter ces regrets, en nous apprenant que, depuis l'apparition de la flotte, le calme le plus parfait avait régné sur les côtes d'Afrique.

On assure que plus tard, et lorsqu'il eut connu les lieux par lui-même, l'Amiral les partagea.

La partie de l'armée qui était mouillée dans le port de Palma fut accueillie avec bienveillance par les Mayorquins. Elle y eut libre pratique et reçut des bals et des fêtes. Toutes ces circonstances réunies fesaient murmurer les deux premières escadres contre la rigueur des ordres qui, s'opposant à toute communication avec la terre, privaient les soldats de se procurer des légumes et des vivres frais. Personne ne fesait la réflexion bien simple que notre communication avec TAHIR-PACHA fesait à l'Amiral le devoir d'observer les lois sanitaires.

Les Chefs de l'armée de terre se réunissent sur l'Aréthuse.

Le 9, les Chefs de l'armée de terre furent appelés sur l'Aréthuse, où s'était rendu le Général en Chef.

Pourquoi.

Celui-ci leur fit part des renseignemens qu'il avait reçus de divers lieux sur les préparatifs de défense de l'ennemi. Ils étaient unanimes sur un point fort singulier et qui se trouva faux. D'après cet avis, le Dey avait réuni deux mille chameaux qu'il devait enchaîner deux à deux par les narines, et lâcher contre les premières troupes de débarquement, après avoir mis feu à leurs queues goudronnées d'avance. Ses instructions portèrent sur les mesures à prendre pour parer à un moyen de défense si bizarre et si nouveau. Après les avoir reçues, les Chefs de division retournèrent à leur bord et y portèrent l'heureuse nouvelle du départ pour le lendemain; il s'effectua, en effet, mais non avec toute la flotté, comme l'avait assuré Mr DE BOURMONT, car la division des transports resta à Palma, sans doute par les mêmes motifs qui l'avaient retenue à Toulon. On verra plus tard combien cette disposition contraria et retarda les opérations de l'armée.

Départ de la baie de Palma.

Le 12, à quatre heures du matin, on fit branle-bas de combat. La mer était forte, et l'Amiral consulta le Chef de la station sur la possibilité de mouiller à Sidi-Ferruch; son avis fut qu'il fallait attendre une *embellie*.

Arrivée dans la baie Ouest de Sidi-Ferruch.

Le 13, à la pointe du jour, nous revîmes les terres d'Alger; à six heures, l'escadre se forma sur une seule ligne et se dirigea sur Sidi-Ferruch, où la Provence mouilla vers midi.

Le silence de Torre-Chica, qu'on croyait armée et qui ne l'était que de canons de bois, l'évacuation du fort neuf et la disparition des mortiers, qui avaient été reconnus quelques jours auparavant, étonnèrent singulièrement.

Un ordre de choses si inattendu fit changer l'ordre de bataille assigné à chaque vaisseau. En arrivant au mouillage, ils reçurent une nouvelle direction. Il en résulta des avaries sur trois vaisseaux de guerre, avaries qui auraient pu avoir des résultats graves et fâcheux sans la présence d'esprit et le sang-froid du Capitaine Robert, commandant la Ville de Marseille, le même qui s'était distingué à Navarin. L'ennemi s'en aperçut et en tira un heureux augure (N° 2). A la nuit, l'escadre était mouillée à l'Ouest de Sidi-Ferruch sur plusieurs lignes.

Dès le soir même, on voulut débarquer dans la presqu'île une brigade de la 1re division, mais il était nuit lorsque les préparatifs furent terminés; on y renonça.

Un bateau à vapeur tira des coups de canon contre une batterie ennemie qu'on voyait à quatre ou cinq cents toises du rivage. Elle riposta par le jet de quelques bombes qui éclatèrent en l'air ; un seul homme du Breslaw fut atteint d'un de ses éclats.

COMPOSITION DE L'ARMÉE.

ÉTAT-MAJOR GÉNÉRAL.

MM^rs De Bourmont, Ministre de la Guerre, Comm^t en Chef.
Desprez, Lieutenant Général, Chef d'État-Major.
Tholozé, Maréchal de Camp, Sous-Chef.
Denniée, Intendant en Chef.
Firino, Payeur général et Commissaire des postes.

ARTILLERIE.

MM^rs Lahitte, Maréchal de Camp, Commandant.
D'Esclaibles, Colonel, Chef d'État-Major.
Eggerlé, Lieutenant Colonel, Directeur des équipages de siége.

GÉNIE.

MM^rs Valazé, Maréchal de Camp, Commandant.
Dupau, Lieutenant Colonel, Chef d'État-Major.
Lemercier, Chef de bataillon, Directeur du parc.

INFANTERIE.

Elle formait trois divisions, et chaque division trois brigades.

1re *DIVISION.*

MM^rs Berthézène, Lieutenant Général, Commandant.
De Brossard, Colonel, Chef d'État-Major.
Reveux, Chef de bataillon, Sous-Chef.
Sergent de Champigny, Sous-Intendant militaire.

1re *Brigade.* Mr Porret de Morvan, Maréchal de Camp.

1er bat. du 2e léger. } Mr de Frescheville, Colonel.
1er bat. du 4e *id.* }
3e régiment de ligne. Mr Roussel, Colonel.

2me *Brigade.* Mr Achard, Maréchal de Camp.

14e régiment de ligne. Mr d'Armaillé, Colonel.
37e *idem* Mr de Feuchère, Colonel.

3me *Brigade.* Mr Clouet, Maréchal de Camp.

20e régiment de ligne. Mr Hobric de la Motte, Colonel.
28e *idem* Mr Mounier, Colonel.

Total — 10,284 hommes. — 85 chevaux.

2me *DIVISION.*

MMrs De Loverdo, Lieutenant Général, Commandant.
Jacobi, Colonel, Chef d'État-Major.
Aupick, Chef de bataillon, Sous-Chef.
Béhaghel, Sous-Intendant militaire.

1re *Brigade.* Mr de Danremont, Maréchal de Camp.

6e régiment de ligne. Mr de la Ville Gilles, Colonel.
49e *idem* Mr Magnan, Colonel.

2me *Brigade.* Mr Monk d'Uzer, Maréchal de Camp.

15e régiment de ligne. Mr Mangin, Colonel.
48e *idem* Mr de Léridant, Colonel.

3me *Brigade.* Mr Colomb d'Arcine, Maréchal de Camp.

21e régiment de ligne. Mr Goutefrey, Colonel.
29e *idem* Mr de Lachau, Colonel.

Total — 10,284 hommes. — 84 chevaux.

3me *DIVISION.*

MMrs Duc d'Escars, Lieutenant Général, Commandant.
Petiet, Colonel, Chef d'État-Major.
Pretot, Chef de bataillon, Sous-Chef.
D'Arnaud, Sous-Intendant militaire.

1re *Brigade.* Mr Berthier de Sauvigny, Maréchal de Camp.

1er bat. du 9e léger. } Mr de Neuchèze, Colonel.
1er bat. du 1er *id.* }
35e régiment de ligne. Mr Rullières, Colonel.

2me *Brigade.* Mr Hubel, Maréchal de Camp.

17e régiment de ligne. Mr Duprat, Colonel.
30e *idem* Mr Ocher de Beaupré, Colonel.

3me *Brigade.* Mr de Montlivault, Maréchal de Camp.

23e régiment de ligne. Mr de Montbaissier, Colonel.
34e *idem* Mr de Roucy, Colonel.

Total — 10,284 hommes. — 85 chevaux.

ARTILLERIE.

Hommes — 2,327. —— Chevaux — 1,309.

GÉNIE.

Hommes — 1,310. —— Chevaux — 133.

INFANTERIE.

Hommes — 30,852. —— Chevaux — 254.

CAVALERIE.

Hommes — 534. —— Chevaux — 503.

ADMINISTRATION.

Hommes — 1,724. —— Chevaux — 1,385.

FORCE PUBLIQUE.

Hommes — 127. —— Chevaux — 35.

ARTILLERIE (MATÉRIEL).

4 Batteries de campagne montées (*matériel et mulets pour une batterie d'obusiers de montagne*).

10 Batteries non montées.

Bouches à feu.

Canons de 24	30
Canons de 16	20
Canons de 12	12
Obusiers de 8 pouces	12
Mortiers de 10 pouces	8
Pièces de 8	16
Obusiers de 24	8
Obusiers de 12 (batterie de montagne)	6
Fusils de rempart	150
Fusils d'infanterie	2,000
Chevalets pour lancer des fusées	6

Nombre de coups à tirer.

Par canons de 24,	à raison de 1,000 coups par pièce.	30,000
Par canons de 16	idem	20,000
Par canons de 12	idem	12,000
Par obusiers de 8 p.	800	9,600
Par mortiers de 10 p.	500	4,000
Par canons de 8	idem	8,000
Par obusiers de 24	idem	4,000

Par obusiers de montagne	200		1,200
Par fusils de rempart	500		75,000
Cartouches d'infanterie.			5,000,000
Poudre à canon.		Kilog.	28,500
Fusées de guerre.			500

COMPOSITION DE L'ARMÉE NAVALE.

MM^rs^ DUPERRÉ, Vice-Amiral, Commandant en Chef.
MALLET, Contre-Amiral, Major-Général.
DE ROSAMEL, Contre-Amiral, Command^t^ en second.
HUGON, Capitaine de Vaisseau, Command^t^ le convoi.

Vaisseaux de guerre	11	77
Frégates	20	
Corvettes	4	
Corvettes de charge	7	
Bricks	11	
Bombardes	8	
Gabares	9	
Bateaux à vapeur	7	

Navires de commerce portant une division d'infanterie, des vivres, des chevaux, etc......... 347

FLOTILLE DE DÉBARQUEMENT.

Bateaux-bœufs	60	230
Bateaux de Lille	40	
Chalands	55	
Grandes chaloupes	40	
Petites chaloupes	35	

CHAPITRE III.

Débarquement. — Position de l'armée. — Opérations militaires.

Effets des avis de la presse française sur le Divan.

Ni les avis plus qu'indiscrets de la presse, ni les vœux impies de quelques-uns de ses organes, n'avaient pu fixer le Divan sur l'époque de l'expédition, non plus que sur le lieu du débarquement.

Ces révélations, qui pouvaient compromettre le succès de l'entreprise et le salut de l'armée, lui étaient suspectes. Pénétrés du sentiment des devoirs envers la patrie, les hommes ignorans et grossiers qui le composaient y voyaient des crimes trop patens pour rester impunis, si la politique ne les eût ordonnés.

Il en résulta une incertitude et une hésitation qui furent favorables aux opérations de l'armée française.

Lorsqu'elle parut sur les côtes de la Régence, non-seulement les forces de l'ennemi n'étaient point réunies, mais celles qu'il avait de disponibles se trouvaient réparties sur plusieurs points.

Position de l'ennemi.

Le contingent de Constantine était resté sur la rive droite du Haratch, et ceux de Titeri, d'Oran et les milices Turques campaient à l'Ouest d'Alger pour observer les plages de Sidi-Ferruch.

Ces troupes étaient toutes sous les ordres de

l'Aga des Janissaires, IBRAHIM, gendre du Dey. Cet homme, peu connu, mérite pourtant de l'être. Dès l'ouverture de la campagne, il voulut, par l'appât du gain, mettre un terme à l'usage barbare de couper les têtes des prisonniers ; et, pour atteindre ce but, il promit une prime de 200 réaux boudjous (près de 400 francs) pour tout chrétien qu'on lui amènerait vivant.

L'armée arrive à Sidi-Ferruch.

L'arrivée de l'escadre dans la baie Ouest de la presqu'île de Sidi-Ferruch leva tous les doutes et résolut le problème du débarquement, mais n'inspira aucune crainte au Général ennemi. Tenant notre ruine pour certaine (N° 3), il écrivait au Dey : « Si les infidèles débarquent, ils périront » tous. » On verra bientôt que cette prophétie fut au moment de s'accomplir. En attendant, et pour en assurer l'effet autant qu'il était en lui, il donna aux tribus l'ordre de se rassembler en toute hâte, et il pressa l'arrivée des Cabaïls et surtout des Flissah, tribu puissante et guerrière, qui avait été si fatale aux Espagnols d'Orelly.

Dispositions de l'ennemi.

Une espèce de fort ou grande batterie fermée défendait, à l'Ouest, les approches de Sidi-Ferruch et en battait la rade. Plusieurs fois nos vaisseaux croiseurs avaient dû s'éloigner de la côte pour se soustraire à ses feux. L'occupation ou la destruction de cet ouvrage devait précéder tout établissement dans la presqu'île, et nous nous attendions à un combat sérieux pour nous en rendre maîtres. Il n'en fut pas ainsi, et, par un bonheur inespéré, il se trouva abandonné. Les douze pièces de 16 et les deux mortiers dont il était armé avaient été transportés sur la position que l'ennemi avait choisie en arrière. C'était un rideau peu élevé, adossé à une petite forêt, et distant de douze ou quatorze cents mètres de la presqu'île. Quelques tentes nous l'indiquaient. La plaine, pour y arriver, était couverte d'épaisses broussailles hautes de deux à trois pieds. A droite, vers la baie, le terrain était fortement ondulé et couvert d'un petit bois.

Il est difficile de s'expliquer les motifs qui déterminèrent l'ennemi à abandonner ce puissant moyen de défense. Voulait-il, de la position qu'il avait prise, défendre et battre les deux baies? Ce serait possible; mais alors il lui importait de conserver avec soin ce fort, de couvrir sa position d'un bon ouvrage, et de l'armer d'une artillerie formidable. De cette manière, non-seulement il aurait atteint le but qu'il se proposait, mais il aurait encore obtenu l'avantage de rendre impossible l'attaque du fort par terre, et l'occupation de la presqu'île. Notre débarquement n'aurait pu s'effectuer sur ce point; il aurait fallu l'opérer plus près de la Massafran, et commencer nos opérations par l'attaque de la position elle-même, opération que les localités rendaient très-difficile et très-dangereuse. Rien de cela n'a eu lieu heureusement, et ce n'est pas nous qui devons nous en plaindre.

Débarquement des troupes.

Vers minuit, les troupes de la 1re division passèrent, des vaisseaux de guerre, dans de légères embarcations. L'honneur de nous mettre en possession des rives africaines fesait l'objet des vœux de tous les officiers de marine ; il fut la récompense des plus dignes. Sur les trois heures et demie du matin, les troupes se trouvèrent réunies à l'Ouest du tombeau de Sidi-Ferruch, près du fort neuf. Ce point, qu'on croyait sablonneux et plat, se trouva hérissé de rescifs avec un fond d'eau de plusieurs pieds.

Cet incident inattendu fut pour nos marins une nouvelle occasion de signaler leur zèle et leur dévouement. Beaucoup se jetèrent à la mer, et, à force de bras, dirigèrent les embarcations à travers les écueils. Un soldat de la Ville de Marseille s'élança à terre et arbora le pavillon français sur le fort algérien ; l'armée le salua de ses acclamations.

Encore dans cette occasion critique, l'ignorance et l'incurie de l'ennemi nous servirent au-delà de toute espérance. Il est hors de doute que si, plus habile, il eût su disposer, sur ce point, deux ou trois mille bons tireurs, et les appuyer de quelques pièces d'artillerie, il nous eût fait éprouver des pertes considérables, et une bonne partie de cette division eût été anéantie. Qui peut dire alors ce que serait devenue l'expédition ?

La 1re brigade, commandée par le Général Porret de Morvan, s'élança à terre et se forma en colonnes par divisions. Elle fut immédiatement suivie de la 2me, aux ordres du Général Achard. Après avoir occupé les hauteurs où est bâtie la mosquée, ces deux brigades se portèrent en avant, à la sortie de la presqu'île, pour chasser quelques Arabes qui, blottis derrière des dunes de sable, observaient nos mouvemens et nous inquiétaient de leur tiraillement.

Pendant que cela s'exécutait, la 3me brigade se formait, et quelques pièces d'artillerie, traînées à bras, venaient appuyer le mouvement des deux premières.

Bientôt un combat assez vif s'engagea entre notre artillerie et une batterie de deux pièces, établie au pied du plateau qu'occupait l'ennemi. Peu à peu, les batteries les plus élevées y prirent part, et leurs coups, d'abord incertains, ne tardèrent pas à devenir très-justes; tous les boulets portaient dans nos masses ou au milieu des troupes qui débarquaient. En vain deux bricks, embossés dans la baie Est de Sidi-Ferruch, tâchèrent-ils d'appeler sur eux les feux de l'ennemi; celui-ci, malgré le mal qu'il en éprouvait, ne se laissa pas détourner de son but et continua à tirer sur les colonnes.

Attaque et prise de la position ennemie.

Les choses étaient en cet état, lorsque le Général en Chef arriva aux avant-postes. Il sentit qu'il était instant d'y mettre un terme, s'entretint quelques minutes avec le Général BERTHÉZÈNE, Commandant la 1re division, et lui donna l'ordre de s'emparer de la position ennemie. Les deux premières brigades, formées en colonne serrée, se dirigèrent sur cette position, de manière à la tourner par la gauche et à prendre les batteries à revers.

La 3me brigade, commandée par le Général CLOUET, marchait à cent cinquante toises de ces premières troupes et leur servait de réserve.

La 2me brigade, qui parcourait un pays découvert, souffrait des feux de l'ennemi. Des boulets emportaient plusieurs files à la fois. Nos jeunes soldats en étaient étonnés, et il convenait d'en prévenir les conséquences en appuyant sur la 1re brigade. Le Général ACHARD le sentit, et le mouvement était exécuté lorsqu'il en reçut l'ordre.

Cependant la première batterie de l'ennemi était enlevée par une compagnie du 3e.

MMrs BESSIÈRES, Charles DE BOURMONT et N....., ancien officier de lanciers, servant en qualité de volontaire, trouvèrent l'occasion de s'y distinguer (No 4).

Malgré ce succès, nous allions lentement. Tout nous en fesait un devoir : d'un côté, l'ignorance des forces de l'ennemi, de son caractère, de l'espèce de ses armes, de sa manière de combattre, et même nos préjugés en sa faveur ; de l'autre, les difficultés locales, l'inexpérience de nos soldats et de beaucoup d'officiers, la chaleur étouffante du jour, la lente transmission des ordres, qui devait se faire à pied, et, par-dessus tout, la nécessité de ne rien compromettre au début d'une campagne. Néanmoins, nous arrivions sur le rideau, lorsqu'un incident nous arrêta quelques instans.

Une des compagnies de voltigeurs qui nous éclairaient passa sur le revers méridional du rideau, et s'élança dans une petite plaine : enveloppée soudain par un ennemi nombreux, elle succombait sans le prompt secours du Colonel ROUSSEL, du 3e de ligne. Malgré la rapidité de son mouvement, nous eûmes à regretter la perte de quatre hommes, dont un officier.

Dès que l'ennemi nous vit maîtres du plateau, il abandonna ses pièces et se retira sur la route d'Alger. Le 37e l'y poursuivit l'espace d'une lieue, tandis qu'à la tête du 20e, le Général CLOUET le rejetait derrière l'Oued-el-Bagrass (*a*). Vers une heure, notre position était établie et rectifiée. Notre gauche s'étendait jusqu'à la baie de l'Est,

---

(*a*) L'Oued-el-Bagrass vient du plateau de Staoueli et s'appelle, à sa source, Aïn-Sina (la source des orangers). C'est là sans doute où était le bosquet d'orangers dont parle Mr BOUTIN, et qui n'existe plus aujourd'hui. Elle prend, vers son embouchure, le nom de rivière des vaches, parce que c'était autrefois le lieu où se fesait le commerce d'exportation des bêtes à cornes.

le centre sur un mamelon qui domine les deux routes d'Alger, et notre droite à l'extrémité du plateau que nous avions enlevé à l'ennemi (N° 5).

Dans cette position, nous avions du bois en abondance, mais l'eau se trouvait éloignée de la gauche, car il fallait aller la chercher à l'Oued-el-Bagrass, et l'ennemi était toujours prêt à nous la disputer.

Pendant ces opérations, la 2me division avait effectué son débarquement. Deux de ses brigades vinrent se placer en ligne à la droite de la 1re division, et la troisième campa dans la vallée en seconde ligne, de manière à renforcer tous les points qui seraient menacés, mais particulièrement notre gauche.

La 3me division campa dans Sidi-Ferruch; elle fut chargée des travaux de défense que le Génie traçait déjà.

L'ennemi ne nous laissa pas tranquilles dans notre position. Il harcela nos postes et menaça notre ligne sur tous les points; mais ces démonstrations n'eurent d'autre résultat que de faire échanger des coups de fusils une partie de la journée.

Après l'heure de l'*asr*, ou de la prière du soir (car ces peuples, religieux et pleins de foi, ne se croient, en aucun temps, dispensés des prières prescrites par la loi), le feu cessa, et l'ennemi se retira dans son camp de Staoueli.

Quoique celui-ci n'eût pas montré beaucoup de forces, ce premier succès était important : d'un côté, il augmentait la confiance de nos soldats ; la vue des grosses pièces d'artillerie dont ils venaient de s'emparer, qu'ils regardaient et touchaient avec complaisance, leur donnait le sentiment de leur supériorité ; et, de l'autre, il fesait comprendre à l'ennemi toute la différence qui existe entre les troupes d'Europe et les tribus rebelles que, parfois, il avait eues à combattre. Aussi le ton de ses rapports est-il moins assuré : « Nous » mettons notre confiance en Dieu.... Par la force » et la puissance du Très-Haut, nous triomphe- » rons, » dit-il, dans son rapport, où, du reste, il rend compte avec exactitude des événemens de la journée.

Ce jour-là nos pertes furent peu de chose ; elles ne s'élevèrent qu'à 34 morts et 128 blessés. Quant à celles de l'ennemi, quoiqu'il soit impossible de les évaluer au juste, en raison de l'usage où sont ces peuples d'enlever, selon le précepte de la loi, non-seulement les blessés, mais même les morts, il est pourtant permis de croire qu'elles furent considérables ; car, dans ce même rapport, l'Aga s'exprime ainsi : « Nous avons eu beaucoup de » blessés ; les Chrétiens nous ont tué du monde. »

La nouvelle de notre débarquement et les résultats de la première rencontre furent connus à Alger, et peut-être exagérés, puisque le Gouvernement se crut obligé d'en faire un bulletin pour rétablir la vérité des faits.

Alerte de nuit. Ignorant alors que, conformément aux préceptes du *Coran*, ces peuples n'attaquent presque jamais la nuit, les troupes bivouaquèrent en carré; cette précaution ne nous sauva pas d'une fausse alerte; les cris aigus des chacals (*a*), que nous crûmes des cris de Bédouins, en furent la cause. Il en résulta la perte de quelques hommes.

Le 15 au matin, l'Aga vint reconnaître notre position. Après avoir échangé quelques coups de fusil, il se retira dans son camp.

Orage terrible. Le 16, vers les 9 heures du matin, le temps s'obscurcit; de longs éclats de tonnerre se firent entendre; la pluie tombait par torrens, et un vent impétueux du Nord-Ouest soulevait les vagues avec violence. Bientôt nos vaisseaux, chassant sur leurs ancres, furent prêts à s'entre-choquer. De toutes parts, dans les deux baies, on entendait des coups de canon de détresse, et plusieurs légers bâtimens se brisaient sur la côte. Encore une heure, et pas un navire n'échappait à la destruction; la prophétie de l'Aga se trouvait accomplie, et l'Europe restait courbée sous le joug barbaresque, peut-être l'espace de plusieurs siècles.

(*a*) Le chacal est un animal carnivore qui ressemble au renard; il vague la nuit et vit de cadavres qu'il a soin de déterrer.

Une affreuse anxiété régnait au quartier général. Au danger de cette horrible catastrophe se joignait la crainte de voir l'ennemi précipiter sa cavalerie sur nos camps sans défense. Pour prévenir ce désastre, on se disposait à faire rentrer les troupes dans les ouvrages de Sidi-Ferruch (N° 6). Ce mouvement, qui lui seul eût été un malheur, ne fut pas exécuté; les soins des Généraux pourvurent aux moyens de bien recevoir l'ennemi au besoin. En effet, quelques Arabes ayant paru aux avant-postes, ils furent accueillis à coups de fusil, et cette circonstance, légère en soi, nous sauva, peut-être, d'une entreprise qui eût échoué sans doute, mais qui nous aurait coûté beaucoup de monde. Enfin, vers les trois heures, la pluie cessa, et, avec le beau temps, revint la sécurité.

Ses effets au quartier général.

Ce même soir, un Arabe de haute stature se présenta aux avant-postes. Conduit devant le Commandant de la 1re division, il refusa de parler, mais il fit connaître au Général en Chef qu'il était Scheick d'une tribu nombreuse, et qu'il venait s'assurer des intentions des Français envers les hommes de sa nation. Le lendemain, il fut renvoyé très-satisfait de l'accueil qu'il avait reçu; mais les Turcs, ayant connu son message, le firent périr. Malgré ce funeste dénouement, sa mission ne nous fut pas inutile : elle servit à attiédir le zèle de plusieurs Arabes, et à nous en rendre d'autres favorables.

Un Arabe vient dans notre camp.

Reconnaissances de l'ennemi.

Le 17, les reconnaissances de l'ennemi furent plus nombreuses et plus vives. Le nombre des tentes de son camp nous parut considérablement augmenté, ainsi que le nombre de ses étendards (*a*).

Depuis plusieurs jours nous le voyions occupé à établir des batteries sur les hauteurs de Staoueli; il avait reçu de l'artillerie pour les armer, des vivres et des munitions pour plusieurs jours. Des renforts nombreux lui étaient arrivés, et l'ardeur de ces nouvelles troupes était telle, que l'Aga eut de la peine à leur faire prendre du repos le vendredi, quoique ce jour soit consacré à la prière (N° 7).

Ce Général se crut alors assez fort pour *abaisser les infidèles;* et, voulant profiter de l'enthousiasme des nouveaux venus, il fixa son attaque au samedi matin, 19 Juin (Naher-el-Sabt).

Dispositions de l'ennemi pour une attaque générale.

Le commandement de l'aile droite fut confié à MUSTAPHA, Bey de Titeri; elle se composait particulièrement de son contingent et des milices Turques. Ce Général était chargé de l'attaque principale. Pour lui faciliter ses opérations, l'aile gauche devait tenir en échec l'aile droite de notre armée, jusqu'à ce que, maîtres de la vallée de

(*a*) Chaque tribu, ne fût-elle composée que de dix combattans, porte un étendard qui lui est particulier. Dès qu'elle entre en ligne, elle le plante sur son front, où il reste jusqu'au moment où cesse le combat.

Sidi-Ferruch, les Turcs pussent la prendre à revers et réaliser l'espoir de nous cerner.

Ce projet, comme on le voit, était vaste et bien conçu; mais pour l'exécuter il aurait fallu des troupes aussi exercées que braves. Le point d'attaque était choisi avec discernement; c'était, en effet, la partie la plus faible de notre ligne. Le terrain en est nu, découvert, légèrement ondulé et commandé du côté de l'ennemi. Ces positions enlevées et les troupes battues, la cavalerie se serait précipitée dans cette plaine, avec sa vélocité ordinaire, et non-seulement pas un homme ne devait arriver à Sidi-Ferruch, mais la retraite du reste de l'armée se trouvait très-compromise.

Une attaque sur notre droite était plus difficile et présentait d'ailleurs un grave inconvénient. De ce côté, notre position était assise sur une berge assez élevée, couverte d'un bois, et en partie par l'Oued-el-Bagrass, dont les bords sont escarpés et fangeux. De plus, notre ligne étant un peu oblique et refusant la droite, si l'ennemi eût essayé de l'attaquer, il nous eût été facile de nous jeter entre lui et son camp.

Nos dispositions de défense.

De notre côté, nous n'avions pas perdu notre temps: une grande redoute, armée avec les pièces prises à l'ennemi, couvrait le centre de notre ligne, et battait, au loin, la route d'Alger et tous les débouchés par où l'ennemi pouvait arriver sur nous.

Nos postes s'étaient couverts de petits retranchemens, et nos positions avaient été munies d'artillerie, de fusils de rempart et de fusées à la congrève.

Enfin, nos soldats, tous les jours aux prises avec l'ennemi, avaient appris à le bien connaître et à se familiariser avec le feu.

Fusées à la congrève.

Les fusées à la congrève ne rendirent pas les services qu'on en attendait. On n'est pas assez maître de leur direction.

Fusils de rempart.

Les fusils de rempart peuvent être une arme terrible entre des mains exercées. Dirigés par Mr N......., Lieutenant d'artillerie, ils rendirent, aux avant-postes de la 1re division, des services essentiels, et firent beaucoup de mal à l'ennemi. Un des principaux avantages qu'ils nous offrirent, fut de le tenir éloigné et de nous débarrasser d'un tiraillement importun et souvent meurtrier.

Toujours en tirailleurs, ces peuples, armés d'un fusil à longue portée, nous fesaient souvent du mal impunément. Maîtres du choix du lieu et du moment où ils veulent combattre, ils l'abandonnent sans honte si le danger leur paraît trop grand.

Leurs chevaux sont dressés à cette manœuvre; ils font demi-tour et s'éloignent au grand galop dès que le cavalier a tiré son coup de fusil, pour revenir en ligne l'instant d'après.

Les hommes de pied manœuvrent dans le même

système. Accroupis, ils se glissent, à la faveur d'une haie, d'un buisson, d'un pli de terrain, près de nos postes, font feu, et, s'éloignant en toute hâte, rendent nos feux souvent inutiles et toujours incertains.

Le 18, un Scheick d'Arabes se glissa furtivement jusqu'à nos avant-postes. Reçu par les Généraux D'UZER et PORRET DE MORVAN, il leur dit que, pour reconnaître le bon traitement fait à un des leurs, il venait nous prévenir que le lendemain nous serions attaqués ; le même avis nous fut confirmé par un jeune déserteur arabe, qui ajouta que cette attaque serait à outrance et que l'ennemi était très-nombreux. Il nous croyait perdus, et nous pria de l'envoyer à Sidi-Ferruch pour être à même de s'embarquer. *Avis que nous donnent les Arabes.*

Ces avis coïncidaient trop bien avec les dispositions de l'ennemi, que nous avions observées, pour que nous pussions avoir le moindre doute sur ses projets. Ils engagèrent le Général de la 1re division à faire couvrir le 20e d'un redan, plus pour augmenter la confiance du soldat que pour opposer un obstacle réel à l'ennemi. Cet ouvrage, auquel présida le Chef de l'État-Major de la division (a), fut commencé à 8 heures du soir et terminé avant le jour. Il rendit plus de services qu'on n'aurait osé en espérer.

(a) Mr DE BROSSARD, Colonel d'Etat-Major.

Bataille du 19 Juin.

Le 19, à la pointe du jour, l'ennemi annonça son attaque par une décharge d'artillerie; une vive fusillade sur toute la ligne la suivit de près. Des dunes de l'Est à la route d'Alger, les Turcs, favorisés d'un épais brouillard, se précipitèrent avec impétuosité sur tous nos postes. La fougue et la résolution avec laquelle ils les assaillirent est difficile à comprendre: sur plusieurs points, ils s'élancèrent dans les redans qui couvraient nos troupes, et sur d'autres, ils enlevèrent les hérissons qui leur servaient de chevaux de frise; mais partout ils furent reçus avec vigueur et sang-froid, et les secours portés à propos sur les points le plus vivement attaqués, les empêchèrent d'obtenir aucun succès. Nulle part nos troupes ne cédèrent du terrain. Le mamelon occupé par les 20ᵉ et 37ᵉ, qui leur paraissait et était réellement d'une haute importance, fut attaqué plusieurs fois avec fureur. Accueillis par la mitraille, ils s'arrêtèrent mais ne se retirèrent pas.

Dans les dunes, le 28ᵉ courut de grands dangers. Ce régiment était en l'air; attaqué à la fois par ses flancs et son front, il eut de la peine à se rallier, et lorsque le 29ᵉ, que le Général d'Arcine envoyait à son secours, arriva, il était dégagé. Il dut son salut au sang-froid et à la tenacité de son Colonel, Mʳ Mounier, qui, quoique blessé, n'en resta pas moins à la tête de son régiment.

Épuisés par trois heures d'efforts inutiles, les

Turcs ralentirent leurs coups ; nous prîmes, à notre tour, l'offensive, et les voltigeurs du 20e, conduits par le Général CLOUET, s'étant lancés à la poursuite de l'ennemi, nécessitèrent un mouvement en avant de toute la 1re division. Cette opération, que la brigade D'ARCINE appuya avec autant de zèle que d'à-propos, nous rendit maîtres des mamelons intermédiaires entre notre position et celle de l'ennemi.

Le Général LAHITTE, accouru avec tout ce qu'il avait pu atteler d'artillerie, s'y établit et contre-battit, avec succès, le feu des batteries turques.

Nous ne pouvions rester dans cette position ; il fallait, ou nous retirer derrière nos lignes, ou enlever le camp de l'ennemi. Le premier parti avait de graves inconvéniens, celui, surtout, de se retirer devant un ennemi qui regarde comme un succès tout mouvement rétrograde, quelque volontaire qu'il soit. Le second, au contraire, répondait aux vœux de l'armée, et présentait moins de difficultés qu'il ne semblait au premier coup d'œil.

On sait que les peuples de l'Orient, redoutables dans les premiers momens de leur fougue, se découragent facilement par l'insuccès, et que ce découragement est en raison des efforts qu'ils ont faits. Il s'agit de saisir ce moment pour réagir sur eux, et l'on est assuré d'éprouver peu de résistance ; c'est aussi le parti que choisit le Général en Chef. Il ordonna de tourner la position de l'ennemi, en portant l'aile droite en avant.

Ce mouvement, long de sa nature, fut retardé par quelque malentendu, et ensuite râlenti par les mesures de précaution que le Commandant de la 2me division crut devoir prendre.

La brigade d'Uzer trouva des obstacles au passage de l'Oued-el-Bagrass, sous Bridja ; l'ennemi voulut le lui disputer, mais il fut forcé de se retirer après avoir éprouvé des pertes considérables.

Le centre de la ligne était parvenu en face et à deux cents mètres de la grande redoute ennemie ; l'Artillerie, que conduisait le Général Lahitte, la battait et en fesait taire les feux. Il était instant de profiter du moment pour l'enlever. Le Général Achard en reçut l'ordre. Le 14e s'y précipita au pas de course (*a*). Le 20e et partie du 28e, voulant prendre part à l'action, avaient hâté leur marche ; alors le mouvement se fit par le centre. Nous fondîmes rapidement sur le camp ennemi, que nous trouvâmes désert. La brigade d'Anremont avait suivi le mouvement de la 1re division.

L'armée s'arrêta au milieu des tentes ennemies. Le Général Achard, seul avec le 14e, suivit les traces des fuyards jusqu'au pied du mont Caïouche et sur la route de Sidi-Khaleff.

(*a*) Mr Langlois, ancien Aide de Camp du Maréchal St-Cyr, venu à l'armée pour faire des tableaux, se mit à la tête des voltigeurs du 14e, et entra un des premiers dans la batterie. Il n'avait pu rester un instant oisif.

Selon l'usage des Orientaux, les Turcs, en marchant contre nous, avaient laissé leur camp tendu; agir autrement serait un présage funeste. Notre poursuite fut si vive et leur retraite si précipitée, qu'ils n'en enlevèrent rien, pas même le trésor de l'Aga, que les soldats se partagèrent.

Tout tomba entre nos mains : vivres, munitions, chameaux (*a*) et mulets. Le nombre des tentes s'éleva à 270. On sait que les Turcs seuls jouissaient de cet avantage. Plusieurs d'entr'elles étaient remarquables par leur grandeur et les commodités qu'elles offraient. Celle de l'Aga avait 14 mètres de long sur 7 de large, et 5 à 6 de hauteur.

Parmi les approvisionnemens dont ce camp était pourvu, celui de chapelets et d'amulettes n'est pas le moins digne de remarque. *Chapelets et amulettes.*

Au nombre des pièces d'artillerie qui tombèrent en notre pouvoir, une fixa notre attention : fondue par Poitevin, elle portait une H couronnée.

Cette journée décida du sort d'Alger. Ses meilleures troupes avaient succombé. D'après le dire

---

(*a*) Ici encore un préjugé fut détruit. On prétendait que les chevaux avaient les chameaux en horreur, et qu'ils fuyaient à leur approche. Des dispositions conformes à ces idées avaient été prises à l'ouverture de la campagne. Nous en trouvâmes plus de cent dans le camp, et pas un cheval n'en fut épouvanté.

des Consuls européens, les forces ennemies étaient de cinquante à soixante mille hommes, dont environ sept mille Turcs. Ces derniers perdirent plus de trois mille hommes. Ce nombre n'a rien qui puisse étonner, lorsqu'on fait attention à la fureur avec laquelle ils combattirent pendant quelques heures, et qu'on le compare aux fosses nombreuses trouvées sur plusieurs points du terrain des opérations. On se fera une idée de leur exaltation, quand on saura que plusieurs d'entr'eux se poignardèrent pour ne pas tomber vivans entre nos mains.

On ne peut rien dire des pertes des Arabes et des Cabaïls. En général, leur manière de combattre isolément et en tirailleurs doit les rendre peu considérables; toutefois, comme il est constant que le plus grand nombre en fut découragé et retourna dans ses montagnes, il est permis de penser qu'ils souffrirent beaucoup (*a*).

Selon le témoignage unanime des habitans, l'effroi et la consternation étaient tels dans l'armée et la population, qu'Alger nous aurait ouvert ses portes, si, ce jour-là, nous nous étions présentés sur les hauteurs du Boujaréah et du fort de l'Empereur.

Pourquoi l'armée ne dépasse pas Staoueli.

Sans doute il eût été militaire et conforme aux

(*a*) Salluste fait une observation semblable sur la perte des Numides; chap. 52, *Bell. Jugurth.*

principes de la science de poursuivre nos succès, et de ne pas donner à l'ennemi le temps de revenir de ses terreurs (*a*); mais il nous aurait fallu des moyens de transport, et les nôtres étaient encore dans la baie de Palma. Comment éloigner l'armée de nos magasins, sans avoir la possibilité de la pourvoir de vivres et de munitions? Ce parti n'eût-il pas été une haute imprudence, capable de compromettre le succès de l'entreprise? Il n'en est pas moins regrettable que le manque de chevaux ait paralysé nos mouvemens, rouvert de nouvelles chances de combat, et causé la perte de beaucoup de braves gens.

Conduite de notre armée.

Dans tous ces combats, nos troupes furent belles et brillantes; on revoyait avec plaisir en elles le germe de ces vertus militaires qui, quelques années auparavant, avaient enfanté tant de miracles, et porté si haut la gloire du nom Français.

Nos pertes ne s'élevèrent pas à plus de sept à huit cents hommes, dont soixante morts.

Le même jour une redoute couvrit le front de la 1re division; le plateau sur lequel on l'éleva avait été occupé jadis par des constructions ro-

---

(*a*) Le Général Berthézène disait, le 20 au matin, au Colonel Aupick, de la division Loverdo : si j'avais commandé l'armée, nous serions devant le fort de l'Empereur. Mais ce Général ignorait alors que nos moyens de transport étaient encore en mer.

maines. En en creusant les fossés, on trouva des restes de tombeaux, une urne cinéraire, et des médailles en bronze de différentes grandeurs, dont une de l'Empereur.......

Le Turcs reprennent courage.

Notre inaction rendit le courage à l'ennemi; il l'attribua, sans doute, aux pertes que nous avions éprouvées. Il avait, d'ailleurs, reçu quelques tribus nouvelles, telles que les Ahl-el-Hanout et les Ahl-Beni-Khalil.

Le 22, ils firent une reconnaissance qu'ils renouvelèrent le 23.

Ils sont poursuivis jusqu'à l'Oued-el-Call.

Le 24, ils furent plus audacieux et plus nombreux : ils osèrent attaquer nos avant-postes. Le Général en Chef venait d'y arriver; il ordonna à la 1re division et à la brigade D'ANREMONT de les chasser. On les poursuivit sur les quatre directions par lesquelles ils se retiraient. Nous arrivâmes ainsi aux habitations qui couvrent le terroir des Beni-Msous. L'ennemi fit semblant de vouloir les défendre, mais la crainte d'y être enveloppé l'engagea à se retirer promptement. C'est dans l'attaque d'une de ces maisons, du côté de Del-Ibrahim, qu'un des fils de Mr DE BOURMONT fut blessé mortellement. Il était Lieutenant de grenadiers, et, par sa bravoure, son affabilité et le désir d'être utile à ses camarades, il avait mérité l'estime et l'affection de toute l'armée.

Après avoir pénétré à travers un pays excessivement fourré, les voltigeurs des 14e et 28e suivirent l'ennemi au-delà de l'Oued-el-Call; ils allaient fouiller une maison, lorsqu'elle s'éleva en l'air et retomba en poussière. L'ennemi, qui crut nos soldats enveloppés dans cette ruine, poussa des cris de joie qu'aucun malheur ne motivait.

Nous prîmes position sur le plateau qui domine la rive droite de l'Oued-el-Call. La brigade d'Anremont, qui formait la droite, s'établit en avant de Del-Ibrahim. Le centre occupa fortement le bois où se trouve le tombeau du *Marabet* Sidi-Bonaga, sur la route d'Alger, et la gauche appuya à l'Oued-el-Larens; le 28e retourna à Sidi-Khaleff pour couvrir les communications avec Staoueli.

Les Arabes se jettent sur nos derrières.

Pendant que nous exécutions ce mouvement offensif, quelques centaines d'Arabes se jetèrent sur nos derrières et enlevèrent plusieurs hommes isolés, au nombre desquels se trouva le jeune Amoros.

Position sur l'Oued-el-Call.

Cette reconnaissance était utile et même nécessaire; elle nous avait fait connaître les débouchés sur Alger, et la nature des obstacles que nous pouvions y rencontrer; mais, une fois exécutée, il me semble qu'il eût été préférable de revenir au camp de Staoueli. Notre position sur l'Oued-el-Call, loin de nous offrir quelque avantage, présentait beaucoup d'inconvéniens. Elle rendait nos rapports avec le quartier général plus lents et plus difficiles; elle nous éloignait de nos magasins, et donnait à l'ennemi la facilité d'intercepter nos communications et de nous attaquer à tous les instans du jour et avec avantage. Il ne tarda pas à s'en apercevoir et à en profiter.

Pour remédier au premier inconvénient, une brigade fut établie à Sidi-Khaleff, et plusieurs redoutes construites sur différens points de notre ligne d'opération; mais il fallait subir les conséquences du second.

Combat du 24. A peine étions-nous établis, que l'ennemi descendit du Boujaréah; profitant des haies et des maisons, il approcha de nos postes, à la portée d'un jet de pierre, et les attaqua, ainsi que le bois de Bonaga, avec beaucoup d'acharnement.

Pour s'en débarrasser, le 20e dut marcher à lui et le rejeter sur le plateau d'où il était descendu. La nuit mit fin au combat.

La 3me division, qui était restée jusqu'ici en réserve, vint se mettre en ligne. La brigade D'ANREMONT retourna à Staoueli. Elle fut attaquée dans son mouvement, mais les efforts de l'ennemi furent sans succès.

Position de l'armée. L'armée fut alors disposée de la manière suivante :

1re division. — Sa droite en avant de Del-Ibrahim, sur le plateau en face d'Aïn-Gebougea (fontaine de l'olivier sauvage), et sa gauche au chemin de Staoueli à Alger.

3me division. — Deux brigades en ligne, la droite au chemin de Staoueli, et la gauche à l'Oued-el-

Larens; la troisième brigade à Sidi-Khaleff pour couvrir les communications.

2me division. — Deux brigades au camp de Staoueli, et une à Sidi-Ferruch.

Il avait été convenu, entre l'Amiral et le Général en Chef, que les marins occuperaient les retranchemens de cette presqu'île, afin de rendre toute l'armée disponible; mais, au moment de l'exécution, la Marine déclara ne pouvoir faire seule un tel service, et on lui adjoignit une brigade de la 2me division.

Combats.

Les 25, 26, 27 et 28 furent des combats continuels et opiniâtres.

Sur notre gauche, l'ennemi, profitant de l'avantage de sa position, nous fesait éprouver chaque jour des pertes assez fortes, sans que la valeur des troupes, ni les bonnes dispositions des chefs, pussent remédier à des inconvéniens qui étaient inhérens à la nature des lieux. Dans la journée du 26, la 3me division eut cent soixante-huit hommes hors de combat.

Réflexions.

Ces pertes auraient été évitées si nous fussions restés dans notre camp à Staoueli, par la raison que l'ennemi avait un trop long trajet à faire pour venir nous attaquer à tout instant, et que tous les désavantages de la position et des localités étaient contre lui.

Surprise d'un avant-poste, le 28 Juin.

Plus tranquilles à notre droite, les troupes s'y livrèrent à trop de sécurité. Saisissant avec audace le moment où elles s'occupaient de soins de propreté, l'ennemi fondit avec impétuosité sur nos avant-postes, le 28, les surprit, y coupa trois têtes, et se retira sans presque éprouver de pertes: cet événement n'eut pas d'autres suites. Ce même jour, le 35e eut un combat opiniâtre à soutenir à la gauche; il y perdit quatre-vingts hommes.

Arrivée de nos transports, les 26, 27 et 28 Juin.

Nos transports arrivèrent enfin; les chevaux pour l'artillerie et les diverses branches de service débarquèrent les 27 et 28 Juin.

Dispositions pour l'attaque de l'ennemi.

L'attaque de l'ennemi fut fixée au 29.

Sept brigades furent chargées d'en assurer le succès.

Les deux brigades de la 3me division durent quitter leur camp avant le jour, remonter l'Oued-el-Call jusqu'à sa naissance, et tourner la droite de l'ennemi.

Les deux brigades de la 2me division devaient appuyer ce mouvement et se porter sur le centre de la position, en suivant la route de Staoueli à Alger.

Enfin, la 1re division fut chargée d'en attaquer la gauche avec deux brigades, en passant par Aïn-Mahmoud; tandis que la 3me, servant de réserve, devait couvrir cette opération contre les tentatives de l'ennemi, et protéger les malades ainsi que le parc d'artillerie.

Depuis plusieurs jours, les Turcs nous avaient montré des forces considérables et beaucoup de résolution. Leur artillerie nous avait fait du mal, et plusieurs points du plateau qu'il occupait nous paraissaient fortifiés; les travaux qu'on avait vu exécuter fesaient même présumer aux hommes de l'art que le mamelon entre les deux fontaines était miné. Tout nous portait donc à croire à une résistance vive et opiniâtre.

Attaque de la position ennemie.

Il n'en fut rien, et l'ardeur de nos soldats se trouva trompée. L'ennemi, surpris à la pointe du jour, était trop peu nombreux pour opposer une résistance inutile; il se retira après avoir tiré quelques coups de fusils, et la 3me division n'éprouva d'autre perte que celle de quelques blessés. Les deux autres ne brûlèrent pas une amorce.

Faux mouvement.

Parvenue à Byr-el-Olga (puits de la Circassienne), la 1re division reçut l'ordre de changer de direction à gauche, pour soutenir la 3me division qui se portait vers le Boujaréah, la seconde n'étant pas encore parvenue au poste qui lui avait été assigné.

Erreur qui occasiona ce faux mouvement.

Une erreur qui, devant un ennemi plus instruit et mieux organisé, aurait pu avoir des conséquences funestes, occasiona ce faux mouvement.

Un brouillard épais couvrait la Mitidjiah; on la prit pour la rade d'Alger, et la route pavée, indiquée par Boutin, fut crue la route de Constantine.

L'ennemi s'aperçut de la bévue, et vint fusiller

nos derrières ; mais il fut reçu par la brigade Clouet, restée en position sur le plateau. La division Loverdo l'y avait déjà rejointe.

Parvenus au puits qu'on trouve au pied du Boujaréah, on reconnut le fort de l'Empereur, à l'Est, et la division d'Escars s'y dirigea dessus par la ligne la plus directe.

Jusqu'ici on n'avait pas été à même d'apprécier la profondeur des ravins dont sont tourmentés les environs d'Alger; et ce trajet, qui aurait été facilement parcouru en deux heures par une contre-marche, en demanda six ou sept, et occasiona à cette troupe des fatigues inouïes.

Par suite du chassé croisé dont je viens de parler, la brigade Achard, de la 1re division, occupa la Vigie, sur le Boujaréah. L'occupation de ce poste rendait impossible à l'ennemi une longue défense, et l'obus qui, de ce point, fut lancé sur la Cassaubah, dut convaincre le Prince qui y régnait que l'heure fatale à la ville guerrière était arrivée.

Cette position nous était précieuse sous un autre rapport.

Une partie des naufragés au cap Bengut habitaient, sous la foi du Consul Sarde, la maison consulaire de cette nation. Entr'eux et nous il n'y avait plus ni Turcs, ni obstacles, et dans une heure ils pouvaient être entre nos mains. Le respect pour la foi jurée, et la crainte de compromettre la vie de ceux qui étaient restés à Alger, arrêtèrent nos pas ; mais désormais leurs chaînes étaient brisées, et leur vie ne dépendait plus d'un caprice ou d'un accès de colère.

Le lendemain, la brigade Achard occupa un long plateau qui s'étend au Sud-Est de la Vigie, pour prévenir les retours offensifs de l'ennemi. Une batterie d'obusiers, qui défendait la gauche de notre tranchée, et prenait à revers les principales défenses du fort de l'Empereur, y fut établie. Elle rendit des services importans.

La Vigie est la clef d'Alger.

La Vigie est la clef d'Alger, et, tant que l'ennemi en sera maître, il sera impossible de faire avec succès le siége du fort de l'Empereur. Les Turcs ne le comprirent pas et laissèrent cette position dégarnie.

Nous trouvâmes, sur le Boujaréah, douze ou quinze cents Juifs de tout âge et de tout sexe. Peu s'en fallut qu'ils ne devinssent tous les victimes de la fureur du soldat. Deux femmes et un enfant furent tués.

Ouverture de la tranchée sous le fort de l'Empereur.

Le soir même, le Général Valazé ouvrit la tranchée devant le fort de l'Empereur.

Les divisions d'Escars et Loverdo furent chargées des travaux de siége.

L'armée fut distribuée de la manière suivante :

Position de l'armée le 29 au soir.

1re Division. — Une brigade au camp de Staoueli, occupant les redoutes qui couvraient les communications de l'armée; une autre sur le plateau au-dessus d'Aïn-Mahmoud, rive gauche de l'Oued-el-Call, et une troisième sur le Boujaréah.

2me division. — Une brigade à Sidi-Ferruch, les deux autres sur le Libyar.

3me division. — En entier sur le Libyar, mais une de ses brigades chargée d'observer la route d'El-Coleah et les débouchés de Hedra.

Les parcs du Génie et de l'Artillerie, ainsi que le quartier général, s'établirent sur les hauteurs du Libyar, et les magasins de l'armée furent placés à Byr-el-Olga.

L'ennemi fit un feu continuel sur nos travailleurs et sur les troupes du Boujaréah; mais l'effet en fut peu meurtrier, et la perte la plus sensible pour l'armée fut celle d'un officier supérieur du Génie.

On avait eu le projet de resserrer Alger et de s'étendre jusqu'à la mer pour couper les communications avec l'intérieur du pays.

Dans ce but, le Général Desprez fut chargé de faire une reconnaissance jusqu'à la route de Constantine. Sur son rapport, ce projet fut sagement abandonné, car il eût retardé la prise du fort de l'Empereur, et occasioné une plus grande perte d'hommes.

Pendant les cinq jours que durèrent les travaux du siége, l'ennemi tenta diverses entreprises sur la tête et sur la queue des tranchées; mais comme ces attaques étaient irrégulières, sans liaison entr'elles, et sans connaissance de l'art, elles se réduisaient presque à des combats singuliers, et leur résultat se bornait, de part et d'autre, à la perte de quelques hommes (*a*).

Le Génie et l'Artillerie poussèrent leurs travaux avec tant d'activité et un tel succès, que, le 2 Juillet, les deux batteries étaient terminées, armées et prêtes à faire feu.

L'attaque du fort de l'Empereur fut fixée au 3 ou au 4 Juillet. Le Général en Chef, voulant que la Marine participât à cette opération importante, et en facilitât le succès par une diversion puissante, prévint l'Amiral des dispositions qui avaient été arrêtées. Trois fusées, parties à minuit, devaient lui faire connaître si l'attaque aurait lieu le 3 ou le 4.

L'Amiral quitta la baie de Sidi-Ferruch, et, quoique les fusées n'eussent pas été lancées, il attaqua, le 3, les forts de la Marine, depuis la pointe Pescada, que nous occupions, jusqu'au fort neuf. Une canonnade vive et bruyante dura presque tout le jour; mais, soit que les vents, les courans ou les rescifs empêchassent nos vaisseaux de serrer la côte, leur tir fut sans effet. A peine quatre ou cinq boulets frappèrent les bat-

(*a*) Dans une de ces attaques, les Turcs pénétrèrent dans une batterie par les embrasures, y tuèrent un sergent d'artillerie et y blessèrent plusieurs artilleurs, parmi lesquels Mr le Lieutenant Daru.

teries ennemies ; pas un ne porta sur la ville. Ce résultat ranima les espérances des Turcs, et produisit ainsi l'effet contraire à celui qu'on s'était promis.

Prise du fort. Le 4, à la pointe du jour, nos batteries ouvrirent leurs feux contre le fort de l'Empereur ; l'ennemi riposta avec vigueur, et ses feux se soutinrent jusque vers les sept heures ; alors ils diminuèrent sensiblement, et les nôtres acquirent une supériorité marquée. A huit heures, ceux de l'ennemi étaient éteints. Nous continuions à battre en brèche, lorsque, vers les dix heures, une forte détonation nous apprit que ce boulevard n'existait plus.

On crut d'abord qu'un de nos obus avait mis le feu à un magasin à poudre ; mais il paraît plutôt que ce fut l'œuvre de quelque canonnier, sans qu'on en puisse deviner le motif.

Le Hasnadgi (Ministre du trésor) était chargé de la défense de ce point si important ; et il est probable que, sans la contusion qui le força à se retirer, cet événement eût été prévenu et la résistance prolongée de plusieurs jours.

Quoique, à cette époque, ce fort fût un très-mauvais ouvrage, on ne l'eût point enlevé de vive force sans éprouver de grandes pertes : on ne peut en tenter l'assaut que sur un front très-rétréci et défendu par une double enceinte intérieure. Nous l'ignorions, et elle aurait nécessité l'ouverture d'une seconde brèche. La fortune nous servit au-delà de nos espérances, et le découragement de l'ennemi fut à son comble.

Le Général HUREL occupa de suite les décombres du fort ; il fesait insulter celui de Bab-Azoun, et l'Artillerie se disposait à dresser des batteries contre la Cassaubah, lorsque, vers midi, un Kodgia (Secrétaire d'État) se présenta aux avant-postes.

L'ennemi demande à capituler.

Le Général en Chef le reçut sur les débris du fort. Cet envoyé était chargé de proposer une capitulation; il insista pour la conservation du Gouvernement Turc; rappela l'ancienneté des relations de la Régence avec la France, et les services qu'elle en avait reçus dans plusieurs occasions ; rejeta sur le Dey le malheur de cette guerre, et finit par proposer d'en apporter la tête; enfin, citant l'exemple des Russes devant Constantinople : « j'espère, » ajouta-t-il, que les Français ne le cèderont pas » en générosité à cette nation. » M^r DE BOURMONT rejeta ces propositions, et demanda la remise immédiate des forts et de la ville. A ces conditions, on pouvait attendre un traitement favorable. Pendant ces pourparlers, deux Maures (*a*) vinrent, au nom des habitans, solliciter la clémence du

(*a*) L'un d'eux était AHMID-BOUDERBA, qui s'est toujours montré notre ami.

vainqueur ; ils furent bientôt suivis du Consul-Général d'Angleterre, qui, du reste, ne déploya aucun caractère officiel.

L'ardeur du soleil fut cause que ces personnages passèrent dans un champ, à l'Ouest du fort (a), et là furent remises par écrit, au Kodgia, les dernières conditions du Chef de l'armée Française. Elles portaient en substance que le Dey serait libre d'emporter ses trésors particuliers et de se retirer où il voudrait; que la milice Turque serait transportée en Asie; que les Maures et les Turcs conserveraient leurs fortunes et leurs propriétés, et qu'il ne serait rien changé au culte public. — Il y avait de la générosité dans ces conditions.

La chute du fort de l'Empereur avait dispersé les restes de l'armée ennemie. Sans troupes et sans moyens de résistance, ce Prince se trouvait livré à notre merci. Dans cette cruelle extrémité, il avait, assure-t-on, formé le projet de s'ensevelir sous les ruines de la Cassaubah (b), avec ses femmes et ses trésors, lorsque les propositions du vainqueur lui furent signifiées. Il eut de la peine à y croire; et pour l'en persuader, il fallut qu'un de nos interprètes se rendît près de lui. Ce fut Braschewits, ancien interprète de l'armée

(a) Dans ce champ il y a un puits d'eau sulfureuse.

(b) L'exécution de ce projet était facile, il y avait dans la Cassaubah un magasin de poudre immense.

d'Égypte, qui fut chargé de cette mission. Il la regardait comme si périlleuse, qu'il recommanda sa femme et ses enfans au Général en Chef, et il ne serait pas surprenant qu'elle eût hâté sa fin.

Pendant ces négociations, le Génie ne perdait pas son temps : le Général VALAZÉ en avait profité pour ouvrir une communication avec les Tagarins; et, sur les ruines du fort de l'Étoile, il avait commencé les ouvrages destinés à l'attaque de la Cassaubah, lorsque le Dey, en souscrivant aux conditions qui lui étaient imposées, rendit ces travaux inutiles.

Ainsi croûla et fut détruit ce Gouvernement d'Alger, pendant trois siècles le fléau de l'Espagne et la terreur de la Méditerranée.

Cette conquête, si utile à l'Europe, eût été, comme la victoire de GÉLON, un bienfait pour l'humanité, si la cupidité ne fût venue bientôt après corrompre et pervertir l'œuvre de l'armée.

Elle valut à la France la possession d'un trésor considérable (environ 50 millions de francs), d'une nombreuse et belle artillerie, de grands approvisionnemens de guerre, et d'immenses magasins de toute nature. Malheureusement la plus grande partie de ces derniers a peu profité au Trésor (N° 8).

CHAPITRE IV.

Occupation d'Alger. — La Cassaubah. — Le Dey. — Son départ et celui d'une partie des Turcs. — Le Bey de Titeri, MUSTAPHA. — Course à Blida.

Occupation d'Alger.

L'occupation d'Alger, dans ces premiers momens, réclamait les soins et la surveillance d'un officier qui joignît, à beaucoup d'activité, une grande fermeté et surtout une moralité bien connue. Il fallait prévenir les désordres, empêcher les violences, inspirer la sécurité aux vaincus, protéger leurs personnes et leur fortune, réprimer la cupidité de quelques-uns, faire droit aux justes réclamations des autres, et assurer la tranquillité de tous. Cette tâche était honorable mais difficile à remplir. Le soin en fut confié au Général THOLOSÉ, et il s'en acquitta dignement; tant d'intérêts contraires furent sagement conciliés, et l'ordre et la paix publique ne furent pas troublés un instant.

Au calme profond qui régnait partout, personne ne se serait douté que, la veille, un Gouvernement avait été renversé, si le costume européen et certaines mutations dans les rôles n'eussent été là pour l'attester.

Physionomie des habitans.

Accroupi sur la devanture de sa boutique, le Maure, impassible (*a*), fumait lentement sa pipe,

(*a*) Voici un exemple de cette impassibilité : tous les

ou jouait aux échecs en savourant son café. Le Turc, triste mais calme, subissait, sans se plaindre, l'arrêt du destin; tandis qu'insolent et radieux, le Juif traitait les Musulmans en vainqueur, et offrait aux Français, dont il voulait marcher l'égal, ses services au poids de l'or.

Des troupes de la division LOVERDO occupèrent la Cassaubah et la partie supérieure de la ville; la partie inférieure et la Marine furent confiées à la garde de la division D'ESCARS; mais cet ordre ne dura que peu de jours, et la 2me division resta seule chargée du service d'Alger.

Position de l'armée.

L'armée fut alors disposée de la manière suivante :

L'Artillerie dans les forts et aux écuries du Dey.

Le Génie réparti sur les différens points où l'on exécutait des travaux.

La cavalerie dans la plaine, à hauteur de Mustapha-Pacha, couvrant les routes de Constantine et Blida.

1re division. — Une brigade au Nord de la ville et sur le Boujaréah, occupant la pointe Pescada et les forts des Anglais, des 24 heures (*a*), et Bab-el-

---

Généraux en uniforme, suivis d'une escorte nombreuse, s'arrêtèrent, en revenant de la Mitidjiah, devant la belle fontaine de Byr-Kadem. Des Maures jouaient aux échecs sous ses voûtes; pas un ne leva la tête pour les regarder.

(*a*) Le fort des 24 heures s'appelle Sitteét-Akolet, du

Oued ou fort neuf; une autre au camp de Staoueli, et une troisième sur les hauteurs de Byr-el-Olga et le Libyar.

2me division. — Au fort de l'Empereur, aux Tagarins et à Alger.

3me division. — A Mustapha-Pacha, sur les routes de Blida, de Constantine et les hauteurs du Quoubba.

Le matériel de l'administration à l'Est et sous le Consulat de Suède.

Alger, quoique place de guerre, n'avait ni hôpitaux ni casernes. Celles des Janissaires, divisées en petites cellules, ne pouvaient convenir à nos besoins, et les principales étaient destinées, d'ailleurs, à recevoir des malades.

Point d' place d'armes à Alger.

Elle manquait également de place d'armes où les troupes pussent se réunir au besoin, et la sûreté de la ville et le salut de l'armée en réclamaient une impérieusement. Ces établissemens de première nécessité n'étaient pas les seuls qui appelassent la sollicitude de l'autorité.

Premires travaux exécutés à Alger.

Le fort de l'Empereur à rétablir, les fortifications de la place à réparer, son armement et le désarmement des forts à opérer, étaient autant de travaux urgens (*a*) qui en nécessitaient de

---

nom d'une sainte, patronne des vieilles filles, dont le tombeau est auprès. Selon la croyance commune, il suffit d'y aller prier trois jours de suite pour trouver un mari.

(*a*) La Marine ayant déclaré ne pouvoir approcher de

préliminaires longs et difficiles. L'élargissement des rues de la Marine et de Bab-el-Oued, ainsi que la construction de deux grandes portes pour donner passage à nos chariots, devaient les précéder. Tous ces travaux et d'autres moins considérables, mais aussi nécessaires, furent entrepris et plusieurs exécutés avec une rapidité surprenante. Le zèle suppléa au défaut de moyens.

Désarmement des habitans.

Une des premières mesures de l'administration fut le désarmement des habitans et de la milice Turque; il s'opéra avec calme et sans obstacle, mais il donna lieu à quelques exactions qui, quoique punies, ne le furent peut-être pas assez sévèrement, et surtout avec assez d'éclat (*a*).

Émigration.

La protection et la sécurité dont jouissaient les habitans, la discipline parfaite de nos troupes, et notre respect pour la religion et les mœurs de ces peuples, ne purent prévenir une nombreuse

---

la côte pour enlever la belle artillerie dont les forts étaient armés, force fut d'élargir les rues et d'abattre les remparts pour que l'Artillerie pût l'enlever et l'envoyer en France.

(*a*) Il est des noms malheureux. Celui d'JAHIA est de ce nombre. La veuve de cet infortuné Ministre fut rançonnée à l'occasion de ce désarmement. Les coupables furent obligés à restitution et ensuite chassés de l'armée; mais ce n'était peut-être pas assez. Cette exaction n'a pas été la dernière qu'a soufferte cette malheureuse famille.

Je dois ajouter que les deux coupables n'avaient joint l'armée qu'après la conquête.

émigration. Les dévots, les fanatiques, les hommes timides, s'éloignèrent d'Alger, et conduisirent, dans l'intérieur des terres, leurs femmes et leurs enfans ; un certain nombre de Turcs les y avaient déjà précédés, et l'on peut bien porter à dix ou douze mille le nombre des émigrans.

Cassaubah.

Personne n'ignore que la Cassaubah est la citadelle d'Alger, la résidence des derniers Deys, et le lieu où étaient gardés les trésors de l'État.

Ses richesses.

Les richesses qu'elle renfermait ont été singulièrement exagérées. Nos imaginations vives y ont réalisé le pays d'Eldorado avec ses rubis, ses perles et ses diamans (*a*). Ces contes, dignes des Mille-et-une-Nuits, ont été accueillis avec faveur et propagés avec soin. Nos hommes d'État eux-mêmes les adoptèrent ou feignirent de les adopter sans critique et sans examen.

L'armée est accusée de dilapidations.

Dans ces momens d'exaltation, on alla plus loin ; la discipline, la modération, le patriotisme de cette armée, qui venait d'accroître la gloire militaire de la France, et conquérir un vaste royaume, furent méconnus, calomniés, et la tribune nationale retentit d'accusations flétrissantes portées contr'elle. Telle semble être la destinée des armées Françaises. Celle de la Loire, dont le sang, versé pour l'indépendance de la patrie, coulait encore de ses blessures, ne fut-elle pas saluée du

---

(*a*) Expression d'une dépêche du Ministre des Finances.

titre de *brigands ?* Dans l'Armée d'Afrique, ô honte! beaucoup de ces mêmes officiers, pour prix de leurs travaux, ont vu ajouter à cette épithète odieuse, l'épithète plus avilissante peut-être de *voleur* (*a*).

Membre de cette armée, sa gloire m'est chère. Mon devoir et mon droit sont de repousser ces calomnies sous lesquelles on l'a long-temps opprimée, et dont les traces ne sont point effacées.

Récit des désordres commis à la Cassaubah.

Si, dans les premiers instans, il a été commis quelques désordres dans cette demeure du souverain; si quelques hommes ont manqué de délicatesse, y avait-il équité à rendre l'armée solidaire des méfaits de quelques individus qui, peut-être, lui étaient étrangers?

Je vais rappeler les faits sans rien déguiser; ils prouveront peut-être que, sous la tente, au milieu du tumulte des camps et de l'enivrement de la victoire, cette armée donna l'exemple de vertus bien rares aujourd'hui au sein des sociétés les plus tranquilles.

Le Dey Hussein, son gendre Ibrahim et leurs femmes quittèrent la Cassaubah le 5 dans la matinée. Dans leurs appartemens restèrent amon-

(*a*) Le Gouvernement du Roi a eu occasion d'éprouver, dans des circonstances critiques, les troupes qui la composaient, et partout, à l'intérieur, elles se sont distinguées par leur patriotisme, comme elles avaient fait par leur constance devant l'ennemi.

celés des vêtemens plus ou moins riches, des costumes plus ou moins bizarres, et quelques objets plus précieux, tels que des pièces d'argenterie, quelques bijoux et même de l'or y furent oubliés.

Les précautions les plus ordinaires auraient suffi pour tout conserver ; mais les hommes chargés de ces détails, sans expérience et sans connaissance du service, ne surent rien ordonner, rien prévoir.

A peine la Cassaubah était-elle occupée, que des officiers sans troupe, des administrateurs, des officiers de santé, des interprètes, des Juifs, des esclaves, et cette foule d'hommes sans emploi et sans titres qui s'attachent à la suite des armées et y sont toujours des agens de désordre, s'y précipitèrent pêle-mêle, beaucoup par curiosité, quelques-uns, sans doute, dans l'espoir du butin. Des portes furent enfoncées et les appartemens envahis ; chacun voulait en emporter quelque chose qui eût appartenu au Dey, à ses femmes ; mais tout le monde ne s'en tenait pas à ces bagatelles, et quelques-uns s'approprièrent de riches armes, des bijoux, dit-on, et des pièces d'orfévrerie (*a*). Toutefois, la quantité en a dû

(*a*) La plus belle et la plus riche est une cafetière en or déstinée au Trésor. Elle fut volée d'une manière difficile à expliquer. Elle est à Paris, entre les mains de Mr B........, employé de l'armée. Il en fut de même des clefs en or de la ville.

Maintenant il serait curieux de savoir entre les mains

être fort petite ; les réclamations du Dey et celles de son gendre, qui portèrent uniquement sur quelques sommes d'argent, me paraissent en être la preuve évidente.

Quoiqu'il fût très-difficile de saisir, au milieu de cette confusion et de cette foule d'hommes inconnus les uns aux autres, les auteurs de ces pillarderies, l'opinion publique en signala, je ne sais sur quel fondement, plusieurs à la suite de l'État-Major-Général, dont les noms auraient dû rester hors de toute atteinte.

Désintéressement de plusieurs Généraux et Officiers supérieurs.

A ces soustractions honteuses, à ce gaspillage déshonorant et presque sans valeur, je puis opposer, et je le fais avec plaisir, des traits de désintéressement dignes de servir d'exemple : des sacs de doublons, des bourses pleines d'or, des montres enrichies de diamans tombent entre les mains de quelques officiers, et tout est porté au Trésor. Un autre devient propriétaire d'un troupeau, et le produit en est versé dans la caisse de l'armée. Enfin le trésor de l'Aga lui fut conservé par un homme contre lequel beaucoup de clameurs s'élevèrent alors.

Au reste, ce que firent quelques-uns, tous l'au-

---

de qui se trouvent les montres et tabatières enrichies de diamans, et les pièces d'argenterie qui ont été transportées en France et remises au Trésor.

raient fait ; il en était bien peu, dans cette armée, qui ne pussent dire, avec GOFFREDO :

» *Non ambiziosi avari affetti*
» *Me spronaro all' impresa e ne fur guida.*
» *Guerreggio in Asia, e non vi cambio o merco.*

C'est là le trait saillant qui la distingue.

Délicatesse de nos soldats.

Dans nos camps, devenus des espèces de marchés publics, les soldats sont non moins fidèles à l'honneur ; ils payent avec exactitude tout ce que l'Arabe leur apporte ; et, celui-ci, malgré sa méfiance naturelle, y laisse, sous la garde de la foi publique, ses bœufs et ses troupeaux, dont il ne vient réclamer le prix que plusieurs jours après (*a*).

Qu'on cite une armée, soit ancienne, soit moderne, qui, au milieu de succès aussi décisifs, ait fait preuve de tant de discipline, de tant de modération !

Les armées de la République, et je les cite à dessein, car personne n'en contestera ni le patriotisme, ni la sévérité de principes, les armées de la République reçurent parfois des gratifications, et toujours vécurent aux frais du pays conquis. Dans celle-ci, au contraire, tout s'achète, tout se paye ; et, au lieu des gratifications qu'on

---

(*a*) L'arbre chargé de fruits, resté intact dans le camp de SCAURUS, est-il plus digne d'éloges et de remarque ?

lui avait promises, on lui conteste ses succès et sa gloire. C'était pourtant le seul salaire de ses travaux, l'unique prix de son sang!

Jusqu'ici, on l'a vu, les vols qui peuvent s'être commis à la Cassaubah n'intéressent en rien le Trésor de l'État.

Celui-ci resta-t-il intact? Voilà ce qui importe à la France et ce qui me paraît être hors de doute. L'on va voir sur quoi repose ma conviction. Trésor de l'État.

Il faut pourtant le reconnaître. Telle n'a pas toujours été l'opinion de l'armée; mais il me semble qu'on peut facilement remonter à l'origine de ce préjugé.

Pendant qu'on traitait de la reddition de la place, le Consul d'Angleterre assura Mr DE BOURMONT qu'il trouverait au moins cent cinquante millions sous les voûtes de la Cassaubah; et les Commissaires, lorsqu'ils en prirent possession, éblouis à la vue de ces tas d'or et d'argent, les évaluèrent à cent millions. Flatté de ces espérances, le Général en Chef aimait à faire connaître la destination qu'il assignait à tant de richesses (*a*).

(*a*) Rendre au Trésor les frais de l'expédition, payer l'arriéré de la Légion d'Honneur, créer des pensions pour les Chevaliers de St-Louis, et donner une gratification à l'armée.

Les gratifications, dans les armées modernes, tiennent lieu de part au butin qui, chez les peuples de l'antiquité, était le droit de tout soldat de l'armée.

La croyance du Chef devint celle de l'armée, et, plus tard, elle aima mieux supposer des dilapidations, que de renoncer à ces idées agréables.

En entrant à la Cassaubah, le Général en Chef reçut, du Hasnadgi (le Ministre des Finances), les clefs du trésor. Il les remit immédiatement aux trois Commissaires chargés d'en faire l'inventaire (a).

Elles ne sortirent jamais de leurs mains, ou plutôt de celles de Mr FIRINO. Des gardes d'infanterie et de gendarmerie furent établies aux portes; nul ne pouvait entrer dans le trésor sans être accompagné d'un des Commissaires. Dans l'intérieur,

---

Cet usage passa chez les Francs et se conserva en France jusqu'aux 13e et 14e siècles, comme on le voit pratiqué par St-Louis, à la prise de Damiette, et par DU GUESCLIN, en faveur de ses bandes.

Il se perdit avec la discipline, et le pillage y fut substitué. Lorsque la discipline reparut dans les armées, les Généraux recoururent aux gratifications pour les récompenses extraordinaires. Ce droit ne leur fut jamais contesté, et ils en ont usé sous tous les Gouvernemens, sous la République, comme sous le Consulat et l'Empire. Le Général de l'armée d'Afrique pouvait donc en user sans encourir de blâme; mais il craignait la censure des Chambres, et voulut mettre sa responsabilité à l'abri des ordres du Conseil; ce retard priva l'armée d'une récompense qu'elle avait justement méritée.

(a) MMrs DENNIÉE, Intendant Général, FIRINO, Payeur Général, et THOLOZÉ, Maréchal de Camp.

un officier fut chargé de séparer les pièces d'or de différentes valeurs, et deux vieux sous-officiers d'Artillerie eurent le soin de les peser et de les encaisser. Enfin, ce furent des soldats, commandés par des officiers, qui, de la Cassaubah, transportèrent ces caisses à bord des vaisseaux de l'État.

Telles sont les mesures qui, indépendamment de la moralité des Commissaires, devaient assurer à la France l'intégrité d'un trésor qui était sa propriété bien légitime, et il me semble qu'elles démontrent l'impossibilité de toute soustraction considérable.

Le 7, le Dey rendit visite au Chef de l'armée française.

Visite du Dey au Général français.

En entrant dans ses appartemens, son trouble fut visible. Il fut taciturne, et une question qu'on lui adressa sur le trésor lui ayant fait penser qu'on le soupçonnait d'avoir touché à celui de l'État, il répondit d'un ton solennel : « La parole des Sou» verains doit être sacrée; et moi aussi hier je » l'étais, et, comme tel, je déclare n'en avoir rien » emporté. » Ensuite il réclama une caisse contenant environ trente mille sequins et des armes précieuses qu'il avait laissés dans ses appartemens, et, en effet, on les y avait trouvés. Enfin, il assura que jamais, depuis son élévation au pouvoir, l'État n'avait possédé de diamans. « Je n'ai que » ceux de mes femmes, ajouta-t-il, et, bien que » ma propriété, j'offre de vous les livrer. »

Le surlendemain, Mr DE BOURMONT lui rendit sa visite.

Le Dey lui fit un compliment de condoléance sur la mort de son fils. « Et moi aussi, dit-il avec » émotion, j'en avais un.... Dieu est grand !... » Il parla ensuite de l'embarras de sa première visite, et ajouta, en riant, que, lorsqu'on tombait de si haut, il était permis d'être étourdi. Enfin, le Général en Chef s'étant informé de l'état de sa fortune, et lui ayant offert un million : « Dieu garde, » répondit-il, je ne demande que les trente mille » sequins que j'ai laissés. Au reste, si jamais j'étais » dans le besoin, le Roi de France est le seul au- » quel je demanderais des secours. » Ensuite il donna au Général en Chef des renseignemens particuliers sur les hommes et sur les revenus de l'État, et lui offrit, pour ce dernier objet, les services du premier Kodgia, son meilleur ami (*a*). Nous n'en profitâmes pas, au grand dommage de l'État.

Selon ce Prince, ACHMET, Bey de Constantine, était digne de confiance, et garderait sa foi s'il jurait fidélité ; MUSTAPHA, Bey de Titeri, était un homme peu sûr et turbulent : « Il m'a coûté plus » que ne valaient ses services, dit-il. Quant à

(*a*) Il est remarquable que c'était celui-là même qui avait offert à Mr DE BOURMONT de lui apporter la tête du Dey.

» Hassan, Bey d'Oran, ajouta-t-il, c'est un vieil-
» lard qui fera ce que vous voudrez, mais qui
» est sans influence dans sa Province. »

Le 10, ce Prince quitta Alger pour aller habiter Naples. Le même jour, environ deux mille Turcs furent embarqués pour l'Asie; beaucoup d'autres, qui étaient mariés, reçurent l'autorisation de rester à Alger. Cette mesure déplut aux Maures, à qui leur présence était toujours redoutable. *Départ des Turcs.*

L'emploi si important d'Aga des Arabes, toujours confié à un des principaux Turcs, était vacant depuis la chute du Gouvernement. Mr de Bourmont y nomma un Maure d'Alger, dévoué à nos intérêts; mais ce choix ne fut point agréable aux Arabes; il ne flattait pas leur vanité. Ce Maure n'avait, à leurs yeux, ni assez de fortune, ni assez de naissance; aussi n'exerça-t-il jamais sur eux qu'une très-faible influence, et les avantages que nous nous en étions promis se réduisirent à presque rien. Plus tard il fut destitué par le Général Clauzel. *L'Aga des Arabes.*

Dès le 8 du mois de Juillet, trois jours après la prise d'Alger, Mustapha, Bey de Titeri, fit sa soumission, et demanda une nouvelle investiture; mais son caractère peu sûr, et les plaintes journalières des tribus contre lui (*a*), fesaient hésiter *Mustapha, Bey de Titeri.*

(*a*) On l'avait surnommé *le Lancier*, parce qu'il s'amusait, dit-on, à tuer ses ennemis à coups de lance.

le Général en Chef. Il se laissa vaincre à la fin, et lui remit le yatagan.

Ce Bey partit pour Médéah. Il s'était obligé à fournir huit cents bœufs à l'armée; il paraît même qu'il les mit en route, mais qu'il engagea sous main les Musoïa et les Sommata à les enlever (*a*).

Conspiration des Turcs.

Vers la fin du mois de Juillet, on découvrit ou l'on crut découvrir un complot tramé par les Turcs. Leurs amis assuraient que les Maures, craignant de les voir ressaisir le pouvoir, avaient ourdi contr'eux quelque intrigue, afin de les rendre odieux à l'autorité. Quoi qu'il en soit, leur expulsion fut décidée, et beaucoup furent arrêtés.

Leur expulsion.

Pleins de l'idée qu'ils possédaient des richesses immenses, on imagina de les soumettre, avant de les exporter, à une contribution de guerre de vingt-cinq millions. Les bannir et les dépouiller à la fois était dur; aussi pas un ne paya la taxe dont il avait été frappé. Cependant on voulait avoir leur argent, et l'on s'avisa de l'expédient de leur enlever, au moment où on les embarquait, l'argent et les bijoux dont ils étaient possesseurs.

Mesures frivoles.

Cette mesure odieuse, contre laquelle s'éleva un cri général, ne produisait rien. On le fit observer au Général en Chef, qui se hâta de la rapporter

(*a*) Ce sont deux tribus à travers les montagnes desquelles passe la route de Médéah, et auxquelles le Bey de Titeri fesait des présens à son avènement au Beylick.

et de faire restituer à chacun ce qui lui avait été pris. Ce fut le Général BERTHÉZÈNE qui l'y engagea; il fut appuyé par Mr FIRINO.

Ce Ministre, comme on voit, ne croyait pas à l'infaillibilité du pouvoir; phénomène bien rare aujourd'hui parmi les hommes d'État.

M. de Bourmont croit rentrer en France.

Mr DE BOURMONT espérait rentrer en France, vers la fin de Juillet, avec la majeure partie de l'armée.

Craignant de jeter la France dans des embarras politiques, et le Trésor dans des dépenses onéreuses, il ne préjugea rien sur la destination future de cette conquête, et, en attendant que le sort en fût fixé, il pensait pourvoir, avec une division de dix à douze mille hommes, à la conservation de la ville et du rayon militaire nécessaire à la sûreté et au bien-être de ce corps de troupes.

Impression produite par la chute d'Alger sur les Arabes.

La chute d'Alger la guerrière, la victorieuse, la bien gardée (*a*), avait fait sur les peuples de ces contrées une vive impression. Des bords du Sahâa, des Arabes étaient accourus pour voir le peuple *dont les pieds fesaient jaillir le feu du sein de la terre;* mais chez eux les impressions sont peu durables; leur imagination ardente en reçoit facilement de nouvelles. Aussi, revenues de leur première stupeur, les tribus des montagnes, même les plus rapprochées d'Alger, mirent en question

---

(*a*) Ce sont trois épithètes de l'une desquelles le nom d'Alger était toujours accompagné.

si elles reconnaîtraient notre autorité. Une assemblée nombreuse devait se réunir sous peu au cap Tement-Foux pour délibérer sur cet objet. On savait qu'il s'était formé deux partis parmi les Arabes, et que quelques tribus voisines de Blida nous étaient opposées.

Course à Blida. Malgré ces avis, dans une course sur le Haratch, Mr DE BOURMONT, cédant au désir de quelques officiers généraux, avait fait le projet d'aller visiter, avant son départ, cette ville et la partie du petit Atlas qui l'avoisine. C'était une partie de plaisir qui offrait l'avantage de faire une reconnaissance de cette contrée; mais, d'un côté, on lui conseillait d'attendre le résultat de la conférence des Arabes; tandis que, d'un autre, on lui peignait ce retard comme un acte de faiblesse. Cette considération l'emporta, et il fit cette course avec environ mille hommes et deux pièces de canon.

Les autorités de Blida vinrent à sa rencontre et lui protestèrent de leur fidélité; elles le prévinrent en même temps que les Sommata, les Beni-Salah et d'autres tribus voisines avaient des intentions hostiles. On n'en tint pas assez compte.

Blida. Blida est un très-mauvais poste militaire. Située au pied de montagnes assez élevées, cette ville en est dominée de si près, qu'au milieu de ses rues on n'est pas à l'abri du feu des montagnards qui les occupent. Le dernier tremblement de terre en a fait un tas de décombres, et l'enceinte dont elle est revêtue ne saurait la garantir d'un coup de main.

Frappés des désavantages de sa position, les Turcs avaient voulu la transplanter à sept ou huit cents toises plus loin dans la plaine. Déjà le mur d'enceinte de la nouvelle ville était bâti, lorsque ce même tremblement de terre le renversa sur plusieurs points. Par un hasard singulier, les mosquées de Blida étaient restées debout au milieu de ce bouleversement; ces peuples y virent le doigt de Dieu, et renoncèrent au projet de l'abandonner. On voit encore les ruines de ce nouveau mur; elles portent le nom de nouvelle Blida.

Agression des Arabes.

A peine campées, nos troupes furent reconnues par les montagnards. Le lendemain, ils descendirent des hauteurs, s'embusquèrent derrière des haies, et occupèrent quelques défilés sur la route d'Alger. Ces préliminaires exécutés, ils commencèrent leur agression par l'assassinat de quelques hommes à cheval qui menaient leurs chevaux à boire. Le chef de bataillon TRÉLAN, Aide-de-camp du Ministre, et qui n'avait fait cette course qu'avec répugnance, alla reconnaître d'où provenaient les coups de fusil qu'on venait d'entendre; il en reçut un dans le bas-ventre, dont il mourut quelques momens après.

Au sortir de Blida et jusqu'au défilé de Boufarick, nos troupes furent entourées de tous côtés, et obligées de combattre plusieurs milliers d'ennemis postés avec avantage. L'escadron du 17e, qui servait d'escorte au Général en Chef, trouva l'occasion de faire des charges heureuses, dans l'une desquelles le Général DESPREZ, emporté trop loin, courut un assez grand danger. Le Capitaine d'artillerie MAREY, Aide-de-camp du Général LAHITTE, sut s'y faire distinguer. Il y eut de part et d'autre quelques morts et des blessés.

Il eût été facile au Général BOURMONT de punir ces tribus; mais il pensa que cette expédition, au milieu des plus grandes chaleurs de l'été, augmenterait le nombre de nos malades, déjà fort grand; que, pour venger cette offense, il faudrait sacrifier un certain nombre d'hommes; et qu'enfin ces peuples, après avoir fui devant lui, reviendraient sur leurs pas lorsqu'il se retirerait. Ces raisons sont puissantes et devaient l'emporter, peut-être, sur le désir de la vengeance et la crainte du mauvais effet que pouvait produire l'impunité (*a*). Quoi qu'il en soit, cet événement fut célébré par l'ennemi comme une victoire; il envoya jusqu'à Bone les dépouilles de quelques-uns de nos morts, et l'assemblée des Scheicks ne se réunit pas.

La nouvelle de la Révolution de Juillet arrive à l'armée.

Bientôt des nouvelles d'une toute autre gravité vinrent absorber l'attention générale et faire ou-

(*a*) L'auteur fut alors d'un avis contraire. Après un long et mûr examen, il n'ose décider; cependant il penche pour le parti qui fut pris.

blier cet incident : un vaisseau marchand de Marseille annonça, le 10 Août, la Révolution de Juillet. Malgré les détails qu'il en donnait, on ne pouvait y ajouter foi. Le trône renversé en trois jours ! La famille régnante expulsée de France, sans guerre et sans combats ! Tout cela paraissait hors de la sphère des choses possibles.

Une lettre du Général GÉRARD, comme Ministre de la Guerre, au Maréchal BOURMONT, ne tarda pas à lever tous les doutes.

Si ma mémoire est fidèle, le Ministre de la Guerre, séparant avec soin la cause de Mr DE BOURMONT de celle de ses collègues, annonçait à ce Général que le Duc D'ORLÉANS était Lieutenant Général du Royaume, et que les couleurs nationales avaient été reprises ; il l'engageait à reconnaître le nouvel ordre de choses, et lui promettait tous les avantages de la position qu'il avait *choisie.*

Le 11, le Maréchal convoqua les officiers généraux, et leur donna connaissance de cette lettre ; on fut unanime pour la reconnaissance du Gouvernement (*a*). Il y eut scission pour la reprise des trois couleurs. C'était une inconséquence : mais où n'en trouve-t-on pas ?

Le 13, on se réunit encore. Les officiers supé-

(*a*) Mr D'ESCARS ne prit point de part à la délibération ; il regarda comme un devoir rigoureux pour lui d'aller joindre Mr le Dauphin et de prendre ses ordres.

rieurs y furent appelés. L'assemblée, plus nombreuse, fut plus agitée, et cela devait être. Quelqu'un y fit la motion de porter l'armée en France; Mr DE BOURMONT en démontra l'impossibilité, l'inutilité, et pourtant, par déférence pour certaines exigences, il demanda à l'Amiral, dont on connaissait d'avance la réponse, s'il avait les moyens de transport nécessaires à cette opération (*a*).

Ce Maréchal, hors d'état d'apprécier de si loin les nécessités qui résultaient d'un événement encore si peu connu, aimait à se bercer de l'idée que le Duc D'ORLÉANS bornerait son rôle à régir la France pendant la minorité du jeune HENRI; cependant, lorsque ses illusions furent détruites, et que les journaux apprirent à l'armée (car elle n'en fut point instruite officiellement) que ce Prince avait été élevé sur le pavois, on l'entendit répéter plusieurs fois que le devoir de tout bon Français était de se rallier au nouveau trône, afin d'éviter les malheurs dont la France était menacée.

Enfin, le 17, les vœux de l'armée furent satisfaits, et la Terre et la Mer arborèrent le drapeau tricolore à huit heures du matin. Il fut salué par vingt-cinq coups de canon.

Cet événement politique blessait trop d'intérêts

(*a*) Dans cette réunion, au milieu de cette grave discussion, il y eut bien des scènes burlesques et faites pour exciter le rire et la pitié.

moraux et matériels pour ne pas exciter des mécontentemens et faire naître des oppositions. Aussi plusieurs officiers de tout grade, dignes d'estime et de regrets, quittèrent-ils l'armée.

C'est un grand malheur que, dans nos états modernes, les devoirs des citoyens soient assez problématiques encore pour que des hommes de bien et des cœurs droits puissent douter entre le prince et la patrie.

Le Bey de Titeri lève le masque et nous déclare la guerre.

Nous avons vu que la conduite du Bey de Titeri, depuis qu'il était rentré dans sa Province, avait été fort équivoque et justifiait l'idée qu'en avait donnée Hussein-Pacha.

La Révolution de Juillet fit naître en lui de grandes espérances ; il pensa qu'il en résulterait trop d'embarras pour qu'on pût, en France, s'occuper de l'Afrique, et, pour me servir d'une de ses expressions, qu'elle ne laisserait pas aux *Français le temps d'appuyer leurs têtes sur leurs mains.* Il leva donc le masque, et, le 21 Août, il nous déclara la guerre.

Dans son manifeste, il nous menaçait de venir, sous peu de jours, à Aïn-Rebat (*a*), avec une armée de deux cent mille hommes.

(*a*) On sait que c'est le point de débarquement de Charles V, et qu'il n'est éloigné de la ville que d'une demi-lieue.

Cette rodomontade, au lieu du rire qu'elle aurait dû provoquer, fit naître certaines appréhensions, et les Consuls eux-mêmes, qui devaient connaître mieux que personne la faiblesse et l'inanité des moyens de ce Bey, crurent ou firent semblant de croire à une attaque sérieuse.

Cette opinion ne pouvait soutenir le moindre examen ; son armée consistait en sept ou huit cents Turcs et Colourlis ; il n'avait point de munitions de guerre, et, peu avant sa révolte, il avait demandé dix quintaux de poudre qui lui furent refusés. Sans argent, il était réduit à altérer le titre des monnaies qu'il fesait frapper. Haï et craint des Arabes, ceux-ci désiraient sa perte et ne pouvaient lui offrir aucun appui solide : le Bey d'Oran n'exerçait plus aucune autorité sur sa province ; celui de Constantine était errant dans les déserts, et conséquemment l'un et l'autre hors d'état de venir à son secours ; mais, l'eussent-ils pu, le titre de Pacha (Dey), que Mustapha s'était arrogé, aurait suffi seul pour le lui faire dénier, car ni l'un ni l'autre n'auraient voulu se ranger sous ses lois. Que pouvait-il donc entreprendre ?

Malgré cette impuissance bien démontrée, et faute d'examen, on ne parlait que de l'attaque prochaine de ce Bey, et quelques cavaliers ayant paru dans la Mitidjiah, on les crut l'avant-garde de son armée ; alors diverses mesures de précaution furent jugées nécessaires pour se mettre à l'abri de leurs entreprises, et notre ligne fut couverte de redoutes, de blockhaus et de maisons crénelées.

CHAPITRE V.

Administration militaire. — Malades. — Hôpitaux. — Magasins.

Administration militaire.

Nous avons déjà fait remarquer avec quel soin l'administration militaire avait prévu les besoins de l'armée et préparé les moyens d'y satisfaire. Ces mesures furent efficaces, et, à peine arrivés sur le rivage africain, les services divers se trouvèrent organisés comme par enchantement. La troupe reçut des vivres frais dont elle était privée depuis un mois, et les malades trouvèrent des lits sous des bâches spacieuses et bien aérées.

Dans ces premiers momens et tant que dura la campagne, les agens de l'administration, rivalisant de zèle, vainquirent, par leur activité et leur intelligence, toutes les difficultés locales, et souvent suppléèrent au manque de transports. Il n'en fut plus ainsi après la conquête. Alors beaucoup d'entr'eux ne parurent plus s'occuper que de leurs intérêts ou de leurs commodités, et l'armée n'eut que trop de motifs de plainte. Les troupes campées ne reçurent pas toujours régulièrement leurs subsistances, et les malades manquèrent souvent des soins et des secours que réclamait leur état.

Hôpitaux et malades.

Le défaut d'hôpitaux assez vastes pour contenir

les malades, dont le nombre augmentait d'une manière effrayante, nécessita, malgré des évacuations fréquentes sur Mahon et Marseille, la création d'infirmeries régimentaires; mais ces établissemens, dépourvus de moyens curatifs, et manquant même de paille, ne pouvaient apporter à nos soldats aucune espèce de soulagement.

Notre long séjour sur les vaisseaux, le régime hygiénique auquel le soldat y fut astreint (*a*), les fatigues de la campagne, la chaleur brûlante du jour, l'abondance et la froidure des rosées pendant la nuit, furent autant de causes de maladies qui expliquent suffisamment et la quantité et la nature de celles qui affligèrent si cruellement notre armée.

Dans des temps ordinaires, une telle calamité lui aurait valu, seule, des droits à l'intérêt de tous les Français. Il n'en fut pas ainsi. Au milieu des passions qui nous agitaient, elle devint, au contraire, le texte de nouvelles accusations contre l'armée. Pourra-t-on le croire? On en découvrit la cause dans son indiscipline.

J'ai prouvé que jamais armée ne fut plus disciplinée; mais s'il était besoin de nouvelles preuves, un fait incontestable, pris parmi beaucoup d'autres, répondrait à ces assertions que je ne saurais qualifier trop énergiquement : le besoin

---

(*a*) Le lard salé et le biscuit en sont la base.

le plus pressant pour l'homme parvenu à l'âge de ceux qui composent l'armée ne pouvait être satisfait, et pourtant aucune plainte ne se fit entendre, aucune femme ne fut insultée !

L'administration aurait pu remédier, par des soins et plus d'activité, à une partie de ces maux; elle eut le tort grave de n'en rien faire. Pressée par la nécessité, plusieurs fois elle avait agité la question de s'emparer de quelques mosquées pour y placer des malades; mais, outre que ces lieux sont peu aérés, et qu'ils auraient exigé des réparations longues pour les approprier à ce nouveau service, on craignait l'effet que pourrait produire cette espèce de profanation des lieux saints.

Ces considérations firent renoncer à ce projet, et les malades restèrent sans asile ou s'amoncelèrent dans les infirmeries régimentaires. Alors on jeta les yeux sur la salpêtrière : c'était un peu tard, et les travaux que nécessita le changement de destination de ce bel établissement, ne le rendirent utile que pour l'avenir. Du reste, située hors d'Alger et dans le quartier le plus sain, les malades s'y rétablissent plus promptement que dans les hôpitaux de la ville, et la mortalité y est moindre.

Magasins. Le Gouvernement Turc aimait à amonceler les approvisionnemens de toute espèce; aussi l'armée trouva-t-elle, dans Alger, de riches magasins en sel, laines, toiles, plomb, cuivres, marbres et grains.

En prenant possession de cette partie de la fortune publique, l'administration avait le devoir rigoureux d'en constater les quantités et les qualités avec soin ; elle l'oublia, et cette négligence coupable favorisa plus tard des soustractions scandaleuses au détriment du Trésor.

Personne n'éprouvera de surprise quand je dirai qu'il serait difficile, et peut-être impossible, de constater légalement les dilapidations dont je vais parler ; c'est le contraire qui étonnerait après les progrès qu'a faits, parmi nous, l'art *de faire des affaires*. D'ailleurs le temps a fait disparaître bien des indices éloquens.

Néanmoins, comme j'en ai la certitude morale, et que ma conviction, à cet égard, est complète, je ne puis les passer sous silence. Si la publicité que je donne à ces abus pouvait en prévenir le retour, je serais trop dédommagé des haines que leur révélation va soulever contre moi, et que ma réserve n'apaisera pas.

Laine.

Une quantité énorme de laine, produit des contributions des quatre dernières années, était réunie dans divers locaux ; on ne saurait l'estimer à moins de 13,000 quintaux métriques.

D'abord on eut la pensée de la vendre en entier à Alger ; mais ce mode, réprouvé par l'armée et si contraire à l'intérêt de l'État, fut abandonné. Plus tard, on en forma sept mille balles, dont l'État a payé les frais d'emballage. Quatre mille d'elles, expédiées à Marseille, y furent vendues au prix moyen de 100 fr. le quintal, non compris les droits (*a*). Que sont devenues les trois mille autres? je l'ignore. Il en était encore resté dans les magasins; elle fut vendue à Alger au vil prix de 36 fr. le quintal. Cette opération fut régulière; la vente en fut faite par adjudication publique.

Reproches.

L'administration, avant de s'occuper de cette vente, n'aurait-elle pas dû profiter d'une ressource aussi précieuse pour fournir la troupe de matelas et la soustraire à l'humidité du sol, si funeste à la santé des hommes?

Je sais qu'elle a objecté qu'étant surge, la laine ne pouvait être mise en œuvre; mais cette raison paraît peu satisfaisante, car ni l'eau ni les bras ne manquaient dans le pays.

Un magasin plus riche encore que celui dont nous venons de parler, était le magasin à toiles.

Toiles à voile.

On a évalué à vingt-cinq mille le nombre de pièces de toile à voile qu'il renfermait, et pas une aune n'a été employée pour les vaisseaux de l'État; pas une aune n'est entrée dans les magasins de la Marine (*b*).

Toiles ordinaires.

Quant aux toiles ordinaires, leur quantité de-

(*a*) Cette vente se fit par les soins de Mr l'Intendant Rey.

(*b*) Mr de C......., Commandant de la Marine, m'a dit que dix mille pièces de cette toile valaient un million.

vait être immense; un administrateur disait, sans doute par hyperbole, qu'elles pouvaient suffire au chargement de cinquante bâtimens.

Ce qu'il y a de sûr, c'est que la plus grande partie de celles qui se sont vendues jusqu'à ce jour à Alger, proviennent de cette source. Il est pourtant juste de reconnaître que tout n'a pas été dilapidé. Six mille paires de draps, et une certaine quantité de toiles grossières, ont été réservés pour la troupe et les hôpitaux.

Plomb, étain, cuivre.

Toute l'armée a vu une quarantaine de Biscris occupés, pendant une longue série de jours, à descendre de la Cassaubah des saumons en plomb, en étain, en cuivre; ils ont été vendus, et six mille francs sont entrés au Trésor !........

Grains.

La Genina (*a*) renfermait un magasin de grains considérable. C'était une réserve destinée à pourvoir aux besoins des habitans en cas de disette. On les estima à quatre mille cinq cents mesures ou sâas (*b*). Ils furent mis en vente, et l'administration s'aperçut vite combien cette évaluation était au-dessous de la réalité. Selon des calculs

---

Il paraît qu'elle a été vendue en grande partie en Italie. Quelques acheteurs ont été connus, mais les vendeurs sont restés dans l'ombre, quoiqu'on en ait dit les noms à l'oreille.

(*a*) L'ancien palais des Deys.

(*b*) Le sâa pèse environ quatre-vingts livres.

que la capacité des magasins paraît confirmer, elle aurait été d'à peu près quinze mille cinq cents sâas. Il semble qu'on n'a rendu compte que de celle de sept mille huit cents. Partie de ces grains fut vendue à raison de 2 fr. 79 c. la mesure, et partie échangée contre du lard.

Bientôt la situation du marché fit sentir la nécessité de les remplacer et d'imiter la sage prévoyance des Deys, en formant une réserve pour parer à tout événement. Une maison de commerce fut chargée de ce soin.

Le sâa, ou mesure, fut payé le prix énorme de 16 ou 17 fr. (*a*).

Soit mauvaise qualité, soit manque de soin, ces grains se détériorèrent promptement, et l'administration se vit forcée à les revendre trois mois après, à raison de 5 fr. la mesure, alors prix de la place.

Cette opération, si onéreuse au Trésor, avait été enveloppée d'une sorte de mystère qui donna lieu à beaucoup de suppositions injustes peut-être, mais accueillies par la voix publique.

Marbres. Je termine cette nomenclature d'une partie des iniquités que j'ai vues, ou qui sont parvenues à ma connaissance, par la moindre de toutes. Je veux parler des marbres. La quantité en était con-

(*a*) A Alger, le prix moyen du sâa est de 3 boudjous 1/2 ou 4 boudjous, c'est-à-dire de 6 fr. 50 c. à 7 fr. 50 c.

sidérable ; ils étaient taillés et prêts à être mis en œuvre. Une partie fut vendue à un sol la livre.

Des colonnes, des coupes à fontaine, des encadremens de fenêtre, et des dalles de marbre blanc, sont venus, en France, embellir des châteaux. Le reste a été conservé par les soins du Génie (N° 9).

Voilà les détails qu'il m'est permis de donner sur cette matière si délicate. Ils suffisent pour faire apprécier les dommages immenses qu'a reçus l'État. Malgré la facilité de nos mœurs, le scandale a été grand, à Alger, parmi les hommes les moins sévères.

CHAPITRE VI.

Organisation intérieure.

On crée une administration civile.

Au moment de la chute d'Alger, les administrations locales cessèrent leurs fonctions. Cette brusque interruption dans toutes les branches du service, y porta le désordre et causa des dommages notables au Trésor. C'était un mal qu'on aurait pu éviter, peut-être, mais qu'il était instant de faire cesser.

Pour y parvenir d'une manière sûre et prompte, le Général en Chef créa une commission consultative.

Commission consultative.

Composée de militaires, d'administrateurs et du Vice-Consul de France à Alger (*a*), cette commission, dont les fonctions étaient gratuites, discutait les mesures qui paraissaient les plus propres à concilier le bien du pays et les avantages de la France, et en proposait l'adoption au Chef de l'armée.

L'analyse de ses travaux serait inutile et impossible aujourd'hui que le registre de ses délibérations n'existe plus. Je me bornerai donc à rappeler les plus importans de ses actes; ils serviront

(*a*) Mr Deval, neveu de l'ancien Consul Deval.

à faire connaître les vues de l'autorité et l'esprit qui l'animait.

Administration municipale.

Un de ses premiers soins fut la formation d'une administration municipale; les membres en furent choisis parmi les Maures et les Colourlis (*a*), dans la proportion de leur population respective.

Commissaire du Roi.

Un Commissaire du Roi fut placé près d'elle pour la surveiller et en diriger l'action. Ces fonctions importantes furent confiées à un Sous-Intendant militaire d'une réputation intacte (*b*).

Pour subvenir aux dépenses locales, il fut accordé à cette administration le droit sur la vente du sel et le produit d'un octroi, dont le tarif fut soumis à l'autorité suprême.

C'est ainsi qu'en avait agi NAPOLÉON en Égypte, et certes il n'y avait rien de mieux à faire que de suivre un si sage exemple; aussi l'essai réussissait-il parfaitement. Plusieurs Maures s'affectionnaient à nos intérêts; leur crédit, leur influence sur les populations extérieures devenaient notre propriété, et le commerce pouvait se promettre des profits considérables. Déjà plusieurs appelaient de leurs vœux l'importation, dans leur patrie, de notre agriculture, de notre industrie; enfin, l'armée n'avait qu'à se louer de ses rapports avec

---

(*a*) Colourlis, c'est le nom qu'on donne aux enfans de Turcs et de Mauresques.

(*b*) Mr BRUGNÈRE.

l'autorité civile; mais on avait eu, en appliquant ce système, des vues plus vastes, et on s'en promettait les avantages politiques et commerciaux les plus étendus.

Tout le monde sait que les Maures forment la population des villes de la Régence, et l'on se flattait que les avantages dont jouiraient, au milieu de nous, ceux d'Alger, exerceraient en notre faveur la plus utile des propagandes, et leur rendraient notre domination désirable. Dans tous les cas, c'était une politique sage, honorable et digne d'une nation parvenue, comme la nôtre, à un haut degré de civilisation.

Un autre ordre d'idées fut, peu après, substitué à celui-là; nous serons à même de le faire apprécier (*a*).

Les Juifs. Les Juifs continuèrent à se régir particulièrement; le chef qu'on leur donna fut choisi parmi les trois candidats qu'ils avaient été autorisés à présenter. Les pouvoirs de ce magistrat, d'abord très-étendus, furent considérablement restreints un peu plus tard.

La suppression des juridictions consulaires avait été la conséquence de notre conquête, et les transactions commerciales restaient en souffrance. Il fallait pourtant une autorité pour juger les diffé-

---

(*a*) Voyez le 2e chapitre de la 2e partie.

rens qui pourraient s'élever entre les Français, les Européens et les indigènes; car nos compatriotes ne pouvaient être justiciables des Tribunaux maures et juifs.

Justice pour les Européens.

On satisfit à ce besoin par la création d'une sorte de Tribunal de Commerce, dont les membres furent choisis parmi les négocians français les mieux famés; mais on ne leur assigna aucun traitement, et c'était pousser trop loin, peut-être, l'esprit d'économie.

Un Lieutenant général de police, homme fort capable (*a*), fut chargé de la police de la ville et de la répression des délits qui n'étaient pas du ressort des Tribunaux militaires.

Pour les Maures.

Les *Cadis* et les *Rabbins* conservèrent le droit de prononcer sur les intérêts de leurs co-religionnaires, et leur autorité ne fut bornée que dans ce qui touche à l'action criminelle.

Douanes.

Les intérêts du Trésor n'étaient point oubliés; le service des douanes fut organisé (*b*), et quelques interprètes furent chargés de recueillir les registres de l'État.

Les sources des revenus publics nous étaient inconnues, ainsi que les créances du trésor, et nous

---

(*a*) Mr Daubignosc, ancien Commissaire général de police à Hambourg.

(*b*) Mr Frossard en fut nommé le Directeur, quoique réputé libéral.

n'avions que des notions vagues sur les propriétés domaniales. Les Kodgia, ou Secrétaires d'État, qui auraient pu nous donner des renseignemens positifs, n'étaient plus à Alger, et les registres pouvaient seuls nous fournir les documens dont nous avions besoin.

Registres de l'administration publique.

Dans ce Gouvernement, l'administration publique était fort simple. Quatre Kodgia, ou Secrétaires d'État, suffisaient à tous ses besoins. Leurs livres, tenus avec autant de probité que d'exactitude, constataient l'état des revenus et des créances.

Cette régularité dans les écritures et cette bonne foi des agens de l'autorité, leur avaient mérité de ces peuples une confiance qui approchait du respect religieux. Jamais une réclamation ne s'éleva contre leur teneur, et quiconque était inscrit dans ces registres, se reconnaissait débiteur de l'État; car, ici, point de dette publique; ce mode de prospérité n'était pas parvenu jusqu'à eux. Malheureusement plusieurs de ces livres sont perdus, et la connaissance imparfaite de la langue, des lois et des usages, a rendu très-difficile l'usage de ceux qui nous restent; aussi ces recherches, longues de leur nature, n'ont eu que des résultats incomplets et peu satisfaisans.

Interprète.

Ici, je ferai remarquer, puisque l'occasion s'en présente, combien les interprètes français ont été peu utiles en général. Ce n'est qu'imparfaitement et avec beaucoup d'efforts qu'ils parvenaient à entendre et à se faire entendre. Leur entretien est presque toujours une dépense inutile, et, sous ce rapport, le personnage qui, plus tard, fit classer parmi eux son cuisinier et son valet de chambre, lésa, sans doute, les intérêts du Trésor, mais ne fit rien de bien préjudiciable au service. Les seuls qui nous aient servis utilement sont les hommes illettrés, nés en Orient, ou qui y ont passé une partie de leur vie. Mais ces hommes sont presque tous très-vicieux et peu dignes de confiance : ils justifient l'adage des Orientaux, qu'un interprète est pire que la peste.

Manière économique de payer ses domestiques.

Bientôt les affaires se multiplièrent, et les intérêts se croisèrent de tant de manières, que les mesures prises pour satisfaire aux premiers besoins furent insuffisantes. La nécessité d'un système plus étendu et moins imparfait fut reconnue.

Les premières mesures administratives sont insuffisantes.

La commission s'en occupait, et les bases en étaient déterminées. Elles consistaient à admettre des Juifs dans le corps municipal, et des Maures et des Juifs dans nos Tribunaux, selon que des individus de ces nations y seraient mis en cause.

Nouveaux projets.

Il est également rationnel et juste que quelqu'un des juges connaisse les lois des vaincus, et puisse entendre les raisons de l'homme sur le sort duquel on va prononcer. Les Francs, après la conquête des Gaules, malgré leur barbarie, traitèrent les vaincus avec bien plus de générosité ; non-seulement ils voulurent qu'ils fussent jugés par leurs lois, mais encore par des juges qu'ils avaient eux-mêmes choisis. Les Comtes n'étaient que les présidens du tribunal, et n'avaient d'autre droit que de prononcer la sentence des Scabins (N° 10).

Conséquemment au principe que la justice est un attribut de la souveraineté, le droit d'appel devant nos Tribunaux était reservé à tout Musulman ou à tout Juif qui se croirait lésé par le jugement des *Cadis* ou des *Rabbins*. Ces principes étaient aussi politiques qu'équitables. Ils devaient promptement effacer, ou du moins affaiblir les préjugés des différentes sectes, et exercer une puissante influence sur la civilisation de ces contrées.

La Révolution de Juillet empêcha d'en faire l'application. « Quoique je fisse, disait Mr DE BOURMONT, je ferais mal; il vaut donc mieux ne rien faire. » C'était mal raisonner, ce me semble. Dans tous les cas, on ne peut méconnaître l'amour du bien public et l'esprit d'économie qui avaient présidé à ces diverses inspirations.

DEUXIÈME PARTIE.

Incedo per ignes.......

CHAPITRE Ier.

Arrivée du Général Clauzel et départ de Mr de Bourmont. — Proclamation du nouveau Général. — Son entourage. — Situation morale de l'armée. — Première revue. — Impression qu'en reçoit le Général. — Dispositions militaires. — Expédition de Médéah.

Les récompenses demandées pour l'armée ne sont pas accordées.

Aussitôt après la conquête d'Alger, le Général en Chef avait sollicité des récompenses, des décorations et des grades pour l'armée. Le Ministère, peu empressé de faire droit à ces demandes, s'en montrait avare et les marchandait. En attendant, les emplois restaient vides dans les corps, et lorsque la Révolution de Juillet arriva, ces vacances, déjà nombreuses, se trouvèrent considérablement augmentées par les démissions qui en furent la suite. Le service souffrait de cet ordre de choses, et ce n'était qu'avec beaucoup de peine qu'on satisfaisait à ses besoins.

Après cette Révolution, l'armée parut tomber dans l'oubli. Aucun ordre ne lui était adressé, aucune communication ne lui était faite; et si, parfois, la presse paraissait s'en souvenir, ce n'était que pour déprimer ses services et outrager ses sentimens.

Dégoût de l'armée.

Cette sorte d'abandon, ces injustices, le progrès des maladies, le manque de moyens curatifs, avaient produit un dégoût et un mécontentement général parmi les troupes. Elles ne rêvaient plus que la France. C'était leur unique vœu et leur premier besoin.

Ce pays déplaît à nos soldats. C'est un fait qu'on ne peut méconnaître. Du reste, on a depuis long-temps observé que le soldat Français n'est bien qu'en France, et on l'a vu se dégoûter de l'Italie, pays des plaisirs et des jouissances, presque aussi vite que de l'Afrique, où l'assiégeaient les privations.

Arrivée du Général Clauzel.

Les choses étaient en cet état, lorsque le Général Clauzel arriva. Ses deux proclamations ne parurent pas propres à l'améliorer. A tort ou à raison, elles furent mal accueillies, surtout celle qui créait une commission d'enquête.

Ses proclamations.

Commission d'enquête.

Personne ne redoutait cette épreuve, mais tous en étaient blessés, humiliés; mais tous l'auraient voulue solennelle et légale. Pourquoi, se disait-on, cette enquête, si elle est nécessaire, n'est-elle pas faite par des Magistrats? Pourquoi des inconnus, des hommes sans titre, sans qualité, sans mission, sans droit, peuvent-ils nous faire comparaître devant eux, nous interroger, recevoir des témoignages pour ou contre nous, prononcer sur notre sort, et décider de notre réputation, même sans nous entendre ?

N'est-ce pas le renversement de tous les principes et la violation de tous les droits ? A ces réflexions, il s'en mêlait de plus vives, de plus amères et de plus personnelles ; car tout le monde se connaît dans notre armée, et c'est un bonheur.

L'accueil que le nouveau Général fit aux officiers effaça une partie de ces fâcheuses impressions : il fut bienveillant et tel qu'on pouvait le désirer ; il contrastait singulièrement avec le ton de son entourage.

Entourage du Général Clauzel.

Le Général Clauzel menait à sa suite plusieurs individus destinés aux emplois civils créés ou à créer (*a*), et beaucoup d'officiers de tous grades. L'assemblage des premiers étonna bien plus que ne firent par la suite leurs actes.

L'arrogance des seconds, leur morgue, leur ton hautain, leste et tranchant, blessaient même à travers le ridicule dont ils étaient empreints ; à peine pouvait-on faire deux ou trois exceptions.

Sortis de la retraite ou de l'inactivité, ils joignaient presque tous l'ignorance ou l'oubli complet des lois et des réglemens militaires à la prétention de juger, d'amnistier ou condamner en dernier ressort les hommes de l'armée d'Afrique,

(*a*) Ils les occupèrent tous, et c'était habile.

qu'ils proclamaient les ennemis de la patrie (*a*). Personne n'échappait à ce tribunal hostile et partial. « *Ce* Lahitte, *qui est-il? comment s'est-il* » *conduit? Ah! je n'irai pas le voir*, disait un jeune » Capitaine, en parlant de cet Officier-Général » vraiment distingué; *c'était la charge de ces hom-* » *mes qu'en* 1814 *on tua de ridicule sous le titre de* » voltigeurs de Louis XIV. »

L'armée s'en vengea par l'épithète de *retardataires* qu'elle leur donna, parce que, étrangers aux journées de Juillet, ils n'avaient surgi qu'après les événemens.

Départ de M. de Bourmont.

Le Général Clauzel arriva le 2 Septembre, et Mr de Bourmont partit le 3. Un navire marchand le porta à Mahon. Tant que la fortune lui avait été favorable, le bateau à vapeur le Sphinx avait été tenu en réserve pour lui servir de transport.

S'il était naturel qu'il subît les conséquences de sa nouvelle position, il n'en parut pas moins étrange qu'un Maréchal de France ne montât pas un bâtiment de l'État; les hommes qui lui étaient le moins favorables en furent blessés. Du reste, on assurait qu'il avait prêté serment au Roi Louis-Philippe, et que la crainte seule d'éprouver un sort pareil à celui du Maréchal Brune l'empêchait de rentrer en France. Tels étaient les on dit du quartier général.

(*a*) Deux de ces Messieurs, un mois après le départ de leur patron, la signalèrent toute comme carliste.

Le 5, le nouveau Général vit les troupes; leur bonne mine le frappa : *Les belles troupes!* s'écria-t-il à plusieurs reprises, *les belles troupes! je n'en voudrais pas d'autres si on fesait la guerre en Europe.* Elles étaient, en effet, remarquables par leur tenue et leur attitude.

Le Général Clauzel passe la revue des troupes.

Le drapeau tricolore leur fut rendu ce jour-là. Dans chaque corps, une allocution patriotique précéda cette inauguration. Il y a dans ces couleurs quelque chose de magique : deux fois je les ai vues rendre à l'armée, et deux fois j'ai été témoin du plus vif enthousiasme.

Le premier soin du Général en Chef fut de remplir les places vacantes; c'était à la fois utile, juste et politique. Peut-être aurait-il fallu s'en tenir là. Mais il céda aux obsessions, et, plusieurs fois, les lois furent méconnues et transgressées (*a*).

Ces nominations, long-temps contestées, ont fini par obtenir enfin la sanction royale (*b*), et cela devait être; faites au nom du Roi et en vertu des pouvoirs qu'il avait concédés, il fallait, ou les reconnaître, ou punir celui qui les avait faites, comme ayant usurpé l'autorité souveraine.

L'armée fut formée en quatre divisions, sans qu'on vît l'utilité de cette disposition. Du reste,

---

(*a*) Le Général CLAUZEL avait remis sa signature lithographiée à l'État-Major, et ce fut une source d'abus.

(*b*) A l'exception pourtant de celles du Génie.

elle subit peu de changemens dans ses positions. Ils se bornèrent à étendre le cantonnement des troupes à l'Ouest d'Alger, jusque près d'Aïn-el-Dgedge (*a*), sur la route d'El-Coleah. Bientôt après on s'occupa de la création de corps indigènes. Ceci demande quelques détails.

Corps indigènes.

Mr de Bourmont avait eu le projet de prendre, à la solde de la France, un corps de Zouaves à l'instar de ceux qui sont à Tunis. Comme les Suisses, cette tribu puissante et guerrière met ses enfans au service des différens États. Déjà des négociations étaient ouvertes, lorsque la Révolution de Juillet fit avorter ce projet.

Le Général Clauzel le reprit, mais sur d'autres bases. Au lieu de traiter avec la tribu, il fit recruter sur le pavé d'Alger, et ordonna la formation de deux bataillons d'infanterie et de deux escadrons de cavalerie.

Leur désertion.

Le premier bataillon atteignit vite un complet élevé; mais aussi, dès les premiers jours, la dé-

(*a*) Aïn-el-Dgedge, ou fontaine des poules : cette source, qui est une de celles qui alimentent Alger, est d'une origine récente. Le grand'père de Sidi-Mohaïddin, l'Aga actuel, était un grand saint; un jour qu'il portait des poules au marché d'Alger, ces pauvres bêtes eurent grand' soif. Le saint en eut pitié, se mit à genoux, fit sa prière, et frappa d'un bâton la terre d'où jaillit soudain cette source qui apaisa leur soif, et qui porte encore son nom. Ce miracle est si récent que personne n'en doute.

sertion y fut considérable, et, de cette manière, un bon nombre de fusils passa dans les mains des montagnards (N° 11).

Ce mode de recrutement a des vices inhérens à sa nature, que le zèle et la capacité des chefs de ces corps n'ont pu corriger; il n'offre aucune garantie pour la fidélité des hommes, et donne tout ce que la population a de plus vicieux. La capitulation avec une tribu aurait eu, au contraire, l'avantage de tenir le corps au complet, et de nous assurer l'appui de la tribu entière.

Le corps de cavalerie fut confié aux soins du Commandant MAREY, officier d'artillerie fort distingué, plein d'amour pour les mœurs et les usages de ces peuples. Afin d'agir utilement et prendre des mesures appropriées aux temps et aux lieux, il s'adressa, pour obtenir les renseignemens convenables, à un certain J....., Mameluck, alors détenu en prison, et qui, depuis, a joué une espèce de rôle. L'histoire de cet homme, du moins telle qu'il la raconte, tient beaucoup du roman. Je vais en citer quelques traits principaux; ils rompront la monotonie des détails dans lesquels je suis forcé d'entrer.

Élevé dans le sérail, et destiné aux plaisirs du Souverain de Tunis, il eut le bonheur de plaire à la femme ou à la fille de son maître. Un esclave l'ayant surpris dans un rendez-vous amoureux, J..... le manda dans son appartement et acheta *Histoire de J...*

son silence avec de l'or. Pendant que l'esclave le ramassait, J...... le frappa de mort, et, après l'avoir dépécé et salé, il offrit à sa belle maîtresse une main, un œil et la langue de ce témoin criminel. Ce présent allégorique fut très-agréable à la Princesse, et redoubla sa tendresse pour un amant qui savait si bien la mettre à l'abri de toute indiscrétion.

Une autre fois, un Mameluck, camarade de J....., l'offensa. Celui-ci dut dissimuler pour assurer sa vengeance. Mais bientôt l'occasion se présenta, et, dans une partie de chasse, il sut se défaire assez habilement de son ennemi pour n'être pas soupçonné de meurtre. Cependant la fortune se lassa de lui être favorable. Accusé d'avoir volé des diamans, pour une somme de 60,000 fr., il fut forcé de chercher son salut dans la fuite. Il y réussit et passa à Alger où il fut employé à la police.

Soit qu'il voulût rentrer en grâce auprès de son maître, soit que l'intrigue fût un besoin pour lui, on assure qu'il rendait des comptes au Dey de Tunis. Le Général en Chef en fut instruit, le fit arrêter, mettre aux fers à bord d'un vaisseau, et ensuite en prison à Alger. C'est pendant sa captivité que le Commandant Marey le consulta sur l'organisation du corps d'Arabes à cheval. Ce fut un trait de lumière pour lui, et l'espérance pénétra au fond de sa prison.

Au milieu des fers, il conçut le projet de créer une compagnie de Mamelucks, dont il serait le chef, uniquement consacrée à la garde du Général en Chef et qui en porterait le nom. Les fers de J...... furent brisés et la compagnie complète sous peu de jours ; mais cette création parut intempestive, et les hommes et J...... passèrent aux chasseurs Algériens, où ce dernier a conservé le grade de Capitaine.

Mais ce n'est pas dans cet emploi qu'il a rendu des services (*a*). Tantôt sous le titre de Grand Écuyer, tantôt sous celui de Lieutenant de l'Aga, il a parcouru les tribus, et s'y est livré parfois à des excès qui ont compromis sa vie. Ses prétentions s'élevaient plus haut, et l'emploi de Bey de Titeri ne lui paraissait pas au-dessus de sa fortune. Il aime à parler de la forme de son Gouvernement. « En prenant possession du Beylick, » je couperai, dit-il, la tête des six habitans les » plus riches de Médéah et confisquerai leurs » biens ; ensuite, pour entretenir le pays dans » une crainte salutaire, j'en abattrai une toutes » les semaines. »

Ce système sourit à beaucoup de gens qui ne

(*a*) *Quant à Joseph, le Grand Écuyer, il a signifié à ses sujets de ne rien payer de ce que j'ai fixé sur tout le monde.*

Rapport du Kaïd des Beni-Khalil à l'Aga Hamdan, envoyé par ce dernier au Général Clauzel.

sont pas Turcs. Reprenons la suite des événemens.

Ce corps de cavalerie n'a jamais été complet; mais il a peu souffert de la désertion, et a rendu de véritables services en plusieurs circonstances.

Le Bey de Titeri.

Nous avons vu le Bey de Titeri jeter le masque aux premières nouvelles de la Révolution de Juillet, et lever l'étendard de la révolte. Des partis de cavalerie, commandés par son fils, paraissaient, de temps à autre, dans les environs d'Alger, et ces démonstrations entretenaient la confiance de nos ennemis, éloignaient la soumission des tribus les plus voisines, et fatiguaient nos troupes.

Dans les premiers jours d'Octobre, ce Bey écrivit à l'Agent d'une Grande Puissance, pour l'informer de son attaque prochaine et lui demander son appui. Les rapports d'amitié qui existaient entre les deux États imposèrent à cet Agent le devoir de donner, au Général en Chef, avis de cette démarche.

On serait dans l'erreur si on croyait ces peuples étrangers à la politique de l'Europe; les rivalités des différentes Puissances leur sont connues, et Mustapha comptait sur elles.

Le Général Clauzel marche contre lui.

Le Général Clauzel, informé de toutes ces manœuvres, et voulant couper le mal dans sa racine, se décida à faire l'expédition de Médéah.

Après avoir fait les préparatifs qu'exigeait cette opération, il partit d'Alger le 17 Novembre.

L'infanterie, choisie dans ce que les corps avaient

de plus brave et de plus fort, fut divisée en trois brigades, dont le commandement fut confié aux Généraux ACHARD, D'UZER et HUREL, sous les ordres du Lieutenant Général BOYER. On joignit à ces forces environ quatre cents hommes de cavalerie, huit pièces d'artillerie de campagne, et une batterie de montagne.

On trouve l'ennemi devant Blida.

Le 18, à une demi-lieue de Blida, l'avant-garde trouva sept ou huit cents Arabes armés qui montrèrent des dispositions hostiles. Ils demandèrent avec menaces que l'armée ne passât pas dans Blida.

Attaque de cette ville.

Le refus du Général en Chef fut le signal des hostilités. L'ennemi se retira à travers les jardins et voulut défendre la ville; nos troupes le suivirent et y pénétrèrent après en avoir enfoncé les portes. Elles la trouvèrent déserte; tous les habitans s'étaient retirés d'avance dans les montagnes.

Ce combat fut peu sanglant; il ne coûta qu'une quinzaine de morts et le double en blessés (*a*).

Le 19, on éloigna quelques tirailleurs et l'on brûla des huttes à l'entrée des montagnes.

L'armée campe sur la route de Médéah, près de la ferme de l'Aga.

Le 20, l'armée, après avoir dépassé l'Oued-el-Kebir à son confluent avec la Schiffa, alla camper au pied de l'Atlas, non loin de la ferme de Musoïa ou de l'Aga, sur la route de Médéah. Deux bataillons, l'un du 34e et l'autre du 35e régimens,

---

(*a*) Relation du Chef d'État-Major de la 1re brigade.

restèrent à Blida, sous les ordres du Colonel RULLIÈRES.

Route qui conduit à Médéah.

De la ferme de Musoïa, deux routes conduisent à Médéah : l'une suit le Onedjer et passe à peu de distance de Méliana ; on la dit bonne et assez spacieuse; l'autre, plus directe, suit le flanc des montagnes de Musoïa et aboutit au col de Tennia (*a*). Elle est étroite, difficile et coupée de ravins ; elle donne à peine passage à deux hommes de front, surtout aux approches du col. L'accès de ce défilé offre beaucoup de difficultés : il faut gravir, l'espace de cent mètres au moins, un sentier étroit, raide, escarpé et presque à pic. Sur le revers méridional, et en descendant le col, on trouve d'abord un chemin large, mais difficile à cause des grosses pierres qui l'obstruent ; un sentier, qui ne permet de marcher qu'un à un, le continue jusqu'aux oliviers. De ce point à Médéah, le pays est ondulé et découvert ; et, bien que le chemin en soit étroit, il présente peu de difficultés.

Col de Tennia.

A la droite du chemin qui de la ferme conduit au col, il y a une vallée assez spacieuse pour que les feux venant des montagnes des Sommata ne puissent nuire.

(*a*) Par une méprise bien extraordinaire, on appela ce col les Portes de Fer. On sait qu'elles sont sur la route de Constantine, à plus de trente lieues à l'Est du Tennia.

Le col de Tennia s'élève à 964 mètres 70 centimètres au-dessus du niveau de la mer. Il est dominé, à l'Est, par un mamelon dont la hauteur est de 1,182 mètres 32 centimètres; et à l'Ouest, par un autre de 1,054 mètres 74 centimètres au-dessus du même niveau (*a*). La distance qui sépare ces deux points est de 900 mètres.

Le Général CLAUZEL choisit cette dernière route, comme la plus courte et la plus directe.

Position de l'ennemi.

Le 21, l'armée se mit en mouvement. A trois heures environ de la ferme, on trouva un pont abattu; c'était un indice sûr que l'ennemi n'était pas loin. En effet, bientôt l'avant-garde fut assaillie d'une vive fusillade, et l'on reconnut l'ennemi en position sur les hauteurs et le col de Tennia, où il avait porté deux pièces d'artillerie.

Il fallut prendre des dispositions, et elles furent telles qu'on devait les attendre d'officiers aussi expérimentés.

Dispositions d'attaque.

Les 14e, 20e et 28e gravirent les hauteurs de l'Est; et, après en avoir chassé les Arabes, ils en suivirent les crêtes pour prendre l'ennemi à revers.

Le 37e et deux compagnies du 14e continuèrent à marcher sur la route.

Les difficultés locales rendaient lente la marche des corps qui manœuvraient. La nuit approchait,

---

(*a*) Ces côtes ont été déterminées par Mr FILHON, Chef du service topographique.

et les troupes, exposées aux feux de l'artillerie et de la mousqueterie, souffraient considérablement. La situation était difficile; il fallait l'abréger. Une attaque de front pouvait seule obtenir ce résultat, et elle fut résolue. On pensa, et le succès justifia cette conjecture, que, menacé sur son flanc, l'ennemi ne ferait pas une longue résistance.

Pour se donner toutes les chances de succès, il fut ordonné au Capitaine LAFARE de s'emparer du mamelon de droite en même temps que le reste du 37e était lancé contre le col; ce mouvement fut exécuté avec audace et intrépidité. Après un combat court, mais vif, la position fut emportée. Cependant, malgré la rapidité du mouvement, à l'aide des difficultés locales, l'ennemi put enlever et sauver son artillerie.

Attaque du col et des hauteurs.

Le Capitaine LAFARE était déjà maître de la hauteur qu'il gravissait, lorsqu'il tomba percé de trois balles; c'était un officier d'une grande bravoure et de beaucoup de capacité. Sa compagnie, vivement pressée, allait succomber, lorsque les troupes qui venaient de s'emparer du col volèrent à son secours et la dégagèrent.

Pertes.

On a porté nos pertes à trente hommes tués et soixante-dix blessés. Dans ce nombre, le 37e compta onze morts et soixante-deux blessés (*a*).

(*a*) Historique des régimens employés à cette opération.

L'armée bivouaqua sur le Tennia, et la proclamation suivante lui fut lue :

« Soldats,

« Les feux de vos bivouacs, qui, des cîmes de » l'Atlas, semblent se confondre, dans ce mo- » ment, avec la lumière des étoiles, annoncent » à l'Afrique la victoire que nous achevons de rem- » porter sur ses fanatiques défenseurs, et le sort » qui les attend.

» Vous avez combattu comme des géans, et la » victoire vous est restée.

» Vous êtes, soldats, de la race des braves et » les véritables émules des hommes de la Révo- » lution et de l'Empire.

» Recevez ce témoignage de la satisfaction, de » l'estime et de l'affection de votre Général en » Chef.

» Signé CLAUZEL. »

Marche sur Medéah.

Le lendemain, l'armée continua sa marche sans rencontrer de résistance sérieuse ; l'on n'eut à tirer quelques coups de fusils que près des oliviers, sur le territoire des Ousrah et au mont d'Achla, sur lequel s'étaient réfugiés les débris de ces bandes ; elle occupa Médéah le 23.

Sept tribus combattirent au col de Tennia (*a*)

(*a*) La force des tribus varie ; celles dont il est question ici peuvent fournir de trois à quatre cents fusils l'une dans l'autre.

(N° 12) ; elles étaient dirigées par les Turcs et animées par leur exemple. Mais, chose étonnante, parmi ces peuples ! dans ce combat, qui devait décider de sa fortune, et peut-être de sa vie, MUSTAPHA ne parut point, et lorsque le sort des armes eut décidé contre lui, il courut chercher un asile chez un *Marabet.* Le lendemain, plein de confiance dans les promesses du Général français, il vint se constituer prisonnier.

Pendant que ces événemens se passaient sur la route de Médéah, d'autres aussi importans, mais moins heureux, avaient lieu sur les derrières de l'armée.

Massacre de [illegible] soldats d'artillerie sur les derrières de l'armée.

Avant de quitter la ferme de Musoïa pour se porter sur Médéah, le Général en Chef, dans la crainte de manquer de munitions, avait fait partir pour Alger un convoi de cent chevaux, conduit par cinquante hommes d'artillerie, et commandé par deux officiers.

Après Boufarick, ce convoi, sans escorte (*a*), tomba au milieu des bandes de BENZAMOUN, qu'avaient renforcées les El-Kachena, les Beni-Moussa, les Beni-Msrah et quelques autres tribus. Il fut impitoyablement massacré. Pas un seul homme n'échappa.

(*a*) Un personnage à qui on fesait remarquer combien c'était dangereux, répondit : ce que Dieu garde est bien gardé. Cette maxime est fort pieuse. Je n'ai pas besoin de dire qu'elle n'appartient pas au Général en Chef.

A son retour de Médéah, l'armée trouva leurs cadavres épars sur la route, et leurs dépouilles sanglantes sous les tentes de quelques tribus de la plaine. Le Général en Chef avait résolu de les punir ; des raisons politiques qui nous sont inconnues lui firent abandonner ce dessein, dont l'exécution, au reste, était très-facile (N° 13).

Attaque de Blida par Benzamoun.

Après cette sanglante exécution, BENZAMOUN mena ses bandes contre Blida ; son avant-garde parut le 22 sur les hauteurs. Elle voulut approcher de la ville, mais quelques coups de canon à mitraille la forcèrent à s'éloigner. Ce n'est que le 26, après avoir réuni ses forces, qu'on évalua à six ou sept mille hommes, presque tous à pied, que l'ennemi se décida à tenter l'attaque de cette ville.

J'ai dit ailleurs que Blida est un mauvais poste ; aussi, malgré les sages dispositions du Chef et la surveillance des troupes, l'ennemi s'y introduisit-il avec facilité. L'action était à peine commencée, que deux ou trois mille Arabes attaquaient nos postes intérieurs ; dès-lors chaque rue devint un champ de bataille où se livrait un combat à mort.

Belle conduite de la garnison.

Malgré leur bravoure et leurs efforts, nos troupes, assaillies de tous côtés par un ennemi cinq ou six fois plus nombreux, avaient été forcées à céder du terrain, et à se retirer dans les mosquées et les maisons destinées d'avance à leur servir de réduit. A tout instant leur position devenait plus critique, lorsqu'un mouvement audacieux vint les tirer du péril extrême qui pesait sur elles. Le chef de bataillon Coquebert, du 34ᵉ, reçut l'ordre de sortir par la porte d'Alger avec deux compagnies de grenadiers, et de rentrer dans la ville par les ouvertures qu'y avait pratiquées l'ennemi, et de prendre celui-ci à revers.

Ce mouvement, d'où dépendait le salut de la garnison, fut exécuté avec vigueur et intelligence. L'ennemi surpris, et croyant, peut-être, à l'arrivée de nouvelles troupes, hésite; le Colonel Rullières profite de ce moment pour reprendre l'offensive. Cependant, poussés par le désespoir, les Arabes s'élancent sur une pièce d'artillerie; ils sont accueillis par la mitraille. L'effet en est terrible, et, frappés de terreur, ils cherchent leur salut dans la fuite. La déroute est complète. A midi, l'ennemi avait abandonné Blida, encombré de ses morts. On en compta deux cent cinquante-deux dans les rues (*a*).

Les pertes des Arabes furent grandes; la majeure partie de leurs blessés périrent faute de soins, et ils ont conservé long-temps le souvenir de cette journée. Ce fait d'armes, vraiment remarquable et qui honore également la troupe et le chef, eut encore le mérite de nous coûter peu de monde;

(*a*) Historique du 35ᵉ, et rapports de divers officiers de l'armée.

car nos pertes ne s'élevèrent qu'à vingt-cinq morts et quarante-trois blessés.

Malgré cette sévère leçon, les Arabes paraissaient vouloir renouveler leur attaque le 27, lorsque le retour de l'armée, qui avait quitté Médéah le 26, les fit renoncer à ce projet. La garnison fit une sortie; les communications furent rétablies avec l'armée, et le Général en Chef put entrer à Blida le même jour. *L'armée revient de Médéah, et y laisse garnison.*

Il paya aux troupes le tribut d'éloges qui leur était dû, et leur distribua des récompenses qui étaient bien méritées.

L'armée continua sa marche sur Alger. Le 35e fut chargé de couvrir la retraite.

Mille ou douze cents Arabes suivirent l'arrière-garde jusqu'aux ponts de Boufarick, mais ils ne purent rien entreprendre contr'elle; nous eûmes, pourtant, quelques blessés, et le cheval du Colonel Rullières reçut une balle à la tête (*a*). *Retour à Alger.*

En quittant Médéah, l'armée laissa dans cette ville le 20e, le 28e et le 1er bataillon des Zouaves, offrant ensemble une force d'environ douze cents combattans. Ces troupes, pourvues de quarante cartouches par homme, furent placées sous les ordres du Colonel Marion, du 20e de ligne.

Cette disposition était hasardée et dangereuse.

(*a*) Extrait de l'historique du 35e.

Si le caractère de ces peuples eût été mieux apprécié, on n'aurait pas mis en doute leur prochaine agression; et, pour dire toute ma pensée, je ne comprends pas de quelle utilité pouvait être un corps de troupe aussi faible, à vingt-deux lieues d'Alger. Je sais bien que, lorsque cette occupation fut résolue, on avait le dessein de laisser une garnison à Blida, dessein dont les événemens venaient de montrer le danger; mais, dans ce cas-là même, mon opinion ne saurait être modifiée.

Médéah. Médéah n'est point fortifié, quoiqu'il ait une espèce de bastion et quelques canons en batterie. Une partie de son enceinte est formée par la contiguité des maisons, qui toutes ont des fenêtres et des portes sur la campagne; ainsi la sûreté de ces troupes dépendait, en grande partie, de la loyauté des habitans. Il est vrai qu'ils nous avaient accueillis avec plaisir; mais il y a tant de mobilité dans ces caractères!

Cette ville ne possède aucun établissement militaire, et le défaut de casernes obligea le Commandant à diviser ses forces.

Ferme du Bey. Le 28e et les Zouaves furent placés à environ mille toises de la ville, dans la ferme du Bey. C'est un mauvais poste, dominé de toutes parts et ne couvrant aucune route principale. Le 20e resta dans la ville. Celle-ci manque d'eau, et n'est abreuvée que par un aquéduc qui prend sa source à demi-lieue de là.

L'événement ne tarda pas à prouver tout ce qu'il y avait de critique dans cette mesure.

Agression des Arabes.

L'armée avait quitté Médéah le 26, et le 27, vers les deux heures après-midi, environ trois mille Arabes vinrent attaquer nos postes avec beaucoup de résolution ; leurs principaux efforts se portèrent sur la ferme du Bey, où commandait Mr DELAUNOY, Chef de bataillon du 28e.

Combats des 27, 28 et 29 Novembre.

Les bonnes dispositions de ce chef et la bravoure de nos soldats rendirent leurs tentatives inutiles ; à la nuit, ils se retirèrent sur les hauteurs qui entourent la ville. Le lendemain, ils revinrent à la charge, mais plus nombreux que la veille. Dès les sept heures du matin, ils formèrent leur ligne de bataille. Elle s'étendait depuis l'aquéduc jusqu'au-delà de la ferme, et présentait une force d'environ dix mille combattans.

De notre côté, si nous n'avions pu augmenter le nombre de nos soldats, nous avions du moins augmenté leurs moyens de résistance de tout ce que l'art offre de secours. La nuit avait été mise à profit, et la ferme avait été fortifiée et crénelée.

Belle résistance des troupes.

Comme la veille, l'ennemi porta ses principales forces contre ce poste. Une fusillade vive et meurtrière s'y engagea. Vers midi, elle cessa, et les Arabes, confians dans leur nombre, tentèrent de l'enlever de haute lutte. Plusieurs fois ils se portèrent au pied des murs et essayèrent d'en escalader les toits, et toujours ils furent repoussés avec grande perte. La nuit mit fin au combat.

Pendant cette mêlée opiniâtre, la garnison de Médéah ne restait pas oisive. Secondée des habitans, elle sortit de la ville et attaqua la droite de l'ennemi. Cette diversion bien entendue, en le forçant à diviser ses forces, eut le double avantage de dégager la ferme et de rouvrir les communications entre ce point et la ville.

Le 29, l'ennemi renouvela son attaque, mais avec moins d'audace et de vigueur. Cependant il osa se placer entre la ferme et Médéah. Cette position augmentait la détresse de nos troupes; des pourparlers qui s'ouvrirent entre les habitans de la ville et les Arabes, fesaient craindre une trahison, lorsqu'une pluie battante mit fin au combat et dispersa les Arabes.

Il était temps que cette lutte cessât; il ne restait aux troupes de la ferme que deux ou trois cartouches par homme, et la ville n'en avait point en réserve (N° 14).

Perte des ennemis.

Ces trois combats coûtèrent à l'ennemi plus de quatre cents morts; de notre côté, nous eûmes trente-six hommes tués et cent cinquante-quatre blessés; dans ce nombre, les habitans de Médéah comptèrent six morts et treize blessés (*a*).

La conduite de nos troupes et de leurs chefs fut à hauteur de la position difficile où ils se

---

(*a*) Extrait du rapport du Colonel MARION et de l'historique du 28e régiment.

trouvaient, et mérite de fixer l'attention du lecteur; car il est hors de doute que cette faible fraction de l'armée eut à lutter, pendant trois jours, contre la plus grande masse d'ennemis qui se fût présentée dans le cours de cette expédition.

Malgré la valeur et la constance des troupes, il n'en est pas moins évident que, si ces hordes eussent eu plus de persévérance ou plus de connaissance de l'art de la guerre, un seul homme n'aurait pu échapper à la mort: il leur suffisait de détourner les eaux de l'aquéduc, et de prendre, dès le premier jour, position entre la ferme et la ville. Qu'auraient pu entreprendre nos troupes, sans vivres et sans munitions? Puissantes derrière des murs, et appuyées des secours de l'art, elles auraient été écrasées sous le nombre dès qu'elles auraient abandonné leurs boulevards.

Aussitôt que cette irruption fut connue à Alger, on se hâta d'envoyer des munitions à nos troupes. Quatorze mille cartouches furent portées par les Beni-Mzab (corporation qui, occupée de commerce, devait moins exciter la méfiance des montagnards) (N° 15); elles arrivèrent à Médéah le 4 Décembre (N° 16). Peu après, le Général BOYER s'y rendit avec sa division, pour y porter des vivres et des munitions; elle y arriva le 10. Après deux jours de séjour dans cette ville, il rentra à Alger. Dans cette course, on n'éprouva aucune hostilité de la part des habitans, mais les troupes souffrirent horriblement des rigueurs de la saison. La Schiffa était grosse, et plusieurs hommes, que son cours entraînait, durent leur salut aux soins du Général d'Uzer et au dévouement de quelques soldats qu'il dirigea.

La garnison de Médéah est renforcée.

La garnison de Médéah fut renforcée, à cette occasion, de deux bataillons, et le Général Danlion en prit le commandement.

Expédition contre Riéra.

Cette augmentation de forces n'empêcha pas les tribus voisines de remuer; elles venaient piller les habitans de Médéah jusque sous les murs de la ville. Le Général Danlion marcha, le 22 Décembre, contre la plus voisine d'entr'elles, la tribu de Riéra; il fut accompagné, dans cette expédition, par les habitans de Médéah, qui pillèrent tout ce qu'ils trouvèrent sous la main. Une bonne partie des huttes de cette tribu fut incendiée.

Cependant les vivres étaient épuisés et la troupe souffrait de la faim. Le Général Danlion fesait connaître, le 26 Décembre, par un émissaire, la détresse où il se trouvait (N° 17).

La garnison de Médéah rentre à Alger.

La difficulté d'approvisionner cette troupe, et la turbulence des tribus, décidèrent, sans doute, le Général en Chef à la faire rentrer à Alger. Le Général Achard alla au-devant d'elle jusqu'aux oliviers, sur le revers méridional de l'Atlas.

Il ne resta à Médéah, pour y représenter la France, que Mustapha-Ben-Omar, nouveau Bey de Titeri; c'est un Maure d'Alger, attaché aux intérêts de la France. Avant de se décider à ce parti périlleux, il reçut, dans la mosquée, le serment des habitans, qui jurèrent de le défendre; alors il se crut en sûreté au milieu d'eux.

CHAPITRE II.

Organisation civile. — Ferme-modèle. — Commission d'enquête. — Traité de Tunis.

Nous avons fait remarquer que la Révolution de Juillet avait arrêté l'organisation qu'on avait projeté de donner au pays. Cette mesure avait le grave inconvénient de tenir beaucoup d'intérêts en souffrance, et il était instant d'y pourvoir. Ce fut aussi un des premiers soins du nouveau Général.

Forme de l'administration municipale.

Il s'occupa d'abord de la justice et de l'administration municipale. Celle-ci subit peu de modifications dans sa forme extérieure, mais le principe en fut entièrement changé. D'abord on lui avait laissé l'action administrative, et le Commissaire du Roi bornait ses soins à la surveiller. Ici, au contraire, le Commissaire du Roi agit, administre, et le corps municipal est purement consultatif.

Cause de perturbation.

Cette innovation si importante n'a pas été heureuse; elle est devenue, au contraire, une grande cause de perturbation.

Je ne ferai point observer combien il est étrange et peu rationnel de faire administrer une ville d'Afrique par un Européen, qui n'en connaît ni les lois, ni les mœurs, ni le langage, ni les intérêts, ni les besoins ; mais j'ose affirmer que cette mesure exercera une longue et funeste influence sur nos destinées en Afrique ; car elle y a ouvert la porte aux exactions, aux violences et aux spoliations. Dès cet instant, blessé dans ses intérêts et son amour-propre, l'indigène a été privé de tout appui, de toute protection ; il a vu ses plaintes les plus légitimes repoussées avec dédain, avec injure, et, dès-lors, le Français n'a plus été à ses yeux qu'un ennemi cruel et avide, à qui il ne devait que haine, en attendant l'heure de la vengeance.

Formes de la justice.

Le travail relatif à la justice fut confié à un Jurisconsulte français ; mais son ouvrage ne survécut point à son séjour à Alger. Enfin, un arrêté du 14 Octobre régla la matière.

Un Tribunal correctionnel et une Cour de justice furent créés pour les Européens.

Le *Cadi* maure jugea les Musulmans, au civil et au criminel, souverainement et en dernier ressort.

Le même principe régla la condition des Juifs. Leurs *Rabbins* en furent constitués les juges suprêmes.

Dans les affaires entre Maures et Juifs, le *Cadi* maure juge en première instance, et les parties peuvent en appeler à la Cour de justice ; mais, dans celles entre les Français et les indigènes, les Tribunaux français prononcent seuls en dernier ressort.

Le principe de l'introduction des Maures et des Juifs au nombre des juges, quand ils seraient en cause, admis un instant, fut bientôt repoussé; et c'était une conséquence de celui qui avait présidé à l'organisation municipale.

Les vices et les lacunes de ce mode de rendre la justice n'ont pas été long-temps à se révéler; mais on sent facilement qu'une pareille œuvre ne s'improvise pas, et qu'on ne peut procéder que par essais et en tâtonnant.

Comité du Gouvernement.

La commission consultative, qui s'était dissoute d'elle-même, fut remplacée par un comité du Gouvernement, divisé en trois sections : l'intérieur, les finances et la justice. On y attacha un secrétaire général, aux amples appointemens de 15,000 fr., et 3,600 fr. de frais de bureau.

Il semble que ce soient des bases bien larges pour une ville de vingt-mille habitans; mais on regardait dans l'avenir. Ce comité, présidé par Mr l'Intendant militaire, qui réunissait les pouvoirs civils, discutait les matières en délibération, et rédigeait en arrêtés les décisions qui y étaient prises. Ceux-ci devenaient exécutoires après avoir reçu la sanction du Général en Chef.

Ce mode de gouvernement, calqué en partie sur ce qui se pratiquait, sous l'Empire, dans les pays conquis, simplifie les rouages de l'administration, et, en centralisant le pouvoir dans une seule main, rend l'action plus prompte et plus énergique, condition nécessaire de l'autorité dans un pays nouvellement conquis.

L'analyse et même la seule nomenclature de tous les arrêtés du Gouvernement serait longue et peu intéressante; j'ai déjà fait connaître quelques-uns des plus importans; je vais en mentionner quelques autres, particulièrement ceux qui tiennent essentiellement à la machine administrative.

Divers arrêtés relatifs aux domaines, aux douanes, etc.

L'administration du domaine fut créée et son personnel nommé; on changea en même temps les chefs des douanes, et l'on fixa le traitement des employés civils.

Tous ces agens furent largement rétribués, et plusieurs reçurent des gratifications en sus de leurs émolumens. Munificence qui contrastait singulièrement avec la parcimonie qui régla le sort des juges. Enfin, un arrêté du 8 Novembre prohiba l'aliénation des immeubles appartenant au domaine public (*a*). Mesure sage et nécessaire qui sauva cette partie de la fortune publique.

Soit erreur, soit désir de se donner de l'importance, soit tout autre motif, les employés des finances élevèrent alors très-haut la valeur des propriétés de l'État (*b*) et leurs revenus; les données sur lesquelles ils se basaient devaient être

(*a*) Il n'a été fait qu'une seule infraction à cette mesure.

(*b*) Elle était, selon eux, de quarante millions de francs.

pourtant fort incertaines, si on en juge par les documens qu'ils ont fournis (*a*), car ils ont présenté des résultats fort différens. Mais pour donner à leurs assertions quelque apparence de réalité, ils obtinrent la réunion, au domaine de l'État, des biens des mosquées, de la Mecque et Médine et autres fondations pieuses affectées à des services spéciaux; mesure qui blessa autant la justice que le fanatisme et l'orgueil musulmans (*b*).

Les fondations pieuses sont réunies au domaine de l'État.

Au milieu de ces soins si importans, on élaborait un vaste projet: il s'agissait de la formation d'une compagnie riche et puissante, qui pût acquérir tous les biens immeubles de la Régence; car alors on les croyait presque tous des biens domaniaux. Indépendante du Gouvernement, elle aurait présidé à son administration particulière, et pourvu à sa propre défense. Les difficultés d'exécution la firent ajourner.

Ferme-modèle.

En attendant, et pour en faciliter l'exécution future, on créa une ferme expérimentale. Il fut pourvu, par des actions, aux dépenses qu'exigeait son établissement; mais, peu fidèle à sa destination, elle n'a jusqu'ici cultivé que des céréales.

Le Gouvernement d'Alger favorisa cette entre-

(*a*) Dans un premier état, les immeubles de la ville s'élevaient à 2,321 maisons, boutiques, etc. Dans un second, fait trois mois après, on les réduisit à 1,940, dont 307 en ruines. Un seul avait été vendu.

(*b*) Arrêté du 7 Décembre 1830.

prise de tous ses moyens ; il donna aux actionnaires la ferme Hassan-Pacha, qu'il croyait un domaine de l'État et qui s'est trouvée une propriété particulière ; il la fit réparer aux frais de l'État par le Génie, la munit d'une garnison et la protégea d'un blockhaus.

Cette ferme a été mal choisie pour son objet ; non-seulement elle n'offre pas la diversité de sites qu'exigeait le but qu'on voulait atteindre, mais elle est d'une insalubrité telle, qu'elle est inhabitable dès la fin de Juin. Tous les ans, les Arabes l'abandonnaient après la moisson. *Son insalubrité.*

Nous avons payé cher de n'avoir tenu compte de leur expérience ; car les colons y sont morts et les troupes de la garnison y ont été désorganisées ; il suffisait d'y passer une nuit pour en emporter le germe d'une maladie plus ou moins grave.

Cette insalubrité tient autant à sa position qu'aux marais qui y sont attenans, et à ceux de la Mitidjiah qui l'avoisinent.

Bâtie au pied et sur le revers méridional des hauteurs Quoubba, elle est abritée contre les vents du Nord, et soumise aux influences léthifères de ceux du Sud. Il est constant que, dès que ces derniers règnent, les maladies se multiplient rapidement et prennent une intensité mortelle. Heureusement leur durée est courte. *Vents du Sud.*

Comme poste militaire, la ferme-modèle ne *Mauvais poste militaire.*

vaut pas mieux. Elle ne commande aucune des routes qui débouchent dans la Mitidjiah ; et la configuration du terrain est telle, que les feux du blockhaus, placé à trois cents toises au-dessus, ne peuvent inquiéter l'ennemi qui s'interpose entre lui et la ferme. Elle n'offre qu'un avantage, celui d'y pouvoir réunir des approvisionnemens quand on fait une expédition dans la plaine.

Le choix de cette localité eut encore le grave inconvénient de fausser les idées des premiers colons, en les dirigeant vers la Mitidjiah lorsque tout leur fesait un devoir de cultiver les environs d'Alger, et d'aller progressivement du centre à la circonférence. Au reste, avec le mépris que nous affectons pour ces peuples, il était difficile d'échapper à cette erreur.

Le pays était inconnu, et, au lieu de consulter l'expérience pratique des habitans, on ajouta foi aux descriptions pompeuses, aux tableaux de fantaisie de certains écrivains qui n'ont jamais vu la Mitidjiah, ou ne l'ont aperçue que des hauteurs d'Alger (*a*).

Ces mensonges n'ont rien qui puisse surprendre. Tout récemment, un homme qui n'est ja-

---

(*a*) Sous le Gouvernement turc, les Européens ne pouvaient s'éloigner de la ville sans une permission et sans l'escorte d'un Janissaire ; aujourd'hui il serait dangereux de passer les avant-postes.

mais sorti des cabarets d'Alger, n'a-t-il pas fait une promenade au cap Matifoux, sous un berceau continu d'orangers, de citronniers, de grenadiers et autres arbres précieux, quoiqu'il n'existe sur ce chemin que quelques faibles broussailles (*a*)?

Maison carrée (Burgh-Jahia).

La maison carrée (Burgh-Jahia), qui avait été choisie d'abord pour cet objet, ne vaut guère mieux. Les marais qui l'environnent la rendent malsaine, et les eaux de la fontaine qui coule au-dessous passent pour dangereuses, quoique dissolvant très-bien le savon. Mais sa position sur un point culminant lui permet de recevoir les influences salutaires des vents du Nord; et, quoique nombreuses, les maladies y ont moins d'intensité. C'est un bon poste militaire, dont les Arabes n'ont jamais osé approcher.

Commission d'enquête.

La commission d'enquête poursuivait ses investigations. Désespérés de ne point trouver de coupables, quelques-uns de ses membres proposèrent de soumettre les accusés à la torture. Qu'il est fâ-

(*a*) Un autre imprima, au commencement de 1831, que, sur les immenses possessions de Mr C........, il y avait plusieurs centaines de colons qui y avaient fait de grands profits. Encore aujourd'hui il n'y en a pas un seul. Il faut bien compter sur la crédulité et l'irréflexion du lecteur pour oser mentir aussi effrontément; car il suffisait de se rappeler, pour le convaincre de mensonge, que, depuis l'occupation du pays par les Français, aucune récolte n'y avait été possible.

cheux que ce mode de procédure ait été repoussé par la majorité ! c'était un bel exemple à donner au monde civilisé. Enfin, un ordre du jour vint déclarer l'inutilité des recherches de cette espèce de tribunal d'inquisition.

Traïté avec Tunis pour la cession de la Province de Constantine.

Mais l'événement de cette époque qui domine tous les autres est le traité fait, avec la Régence de Tunis, pour la cession des Beylicks ou Provinces de Constantine et d'Oran. Il convient de prendre les choses de plus haut.

Qui fut l'auteur de ce projet.

Un Français qui, pendant quarante ans, a étudié les peuples du Nord de l'Afrique (*a*), et qui joint, à l'amour le plus ardent de son pays, la philanthropie la plus éclairée, avait souvent réfléchi sur les moyens de rendre à la civilisation ces contrées heureuses.

La connaissance approfondie des mœurs, de la langue, des idées des Musulmans de ces contrées, l'avait convaincu qu'on pouvait les subjuguer, effacer du livre des vivans les myriades de tribus qui bordent l'Atlas, ou les refouler dans le Sahâa, mais qu'il est impossible de leur imposer notre police, notre industrie et nos arts par l'organe d'autorités qui ne parleraient pas la langue du *Coran*, et qui ne seraient pas avec eux en communion de prières, de jeûnes et de cérémonies telles que les prescrit le livre incréé.

(*a*) Mr de Lesseps, Consul général à Tunis.

Ces idées, qu'il aimait à communiquer, furent connues et accueillies par M[r] DE BOURMOMT. Un traité pour céder la Province de l'Est à la maison régnante à Tunis, avait été projeté; et, si je suis bien informé, la mission du Prince tunisien qui vint complimenter le Général français dans la baie de Sidi-Ferruch, et ne se retira qu'après la chute d'Alger, n'était pas étrangère à cette transaction.

Il est égalcment probable que l'occupation immédiate de Bone, après la conquête, avait le double but de favoriser notre commerce et l'exécution de ce projet, que la Révolution de Juillet fit abandonner.

Informé de cette négociation, son successeur ne tarda pas à en renouer le fil. Pour la mener à bien, il pressa avec instance notre Consul de travailler à cette œuvre, et d'user de l'influence et de la considération personnelles dont il jouissait au Bardo (*a*) pour la terminer promptement. Cet Agent, quoique ne pouvant intervenir qu'extra-officiellement, s'y prêta avec d'autant plus de zèle qu'il croyait voir se réaliser le plus cher de ses rêves.

Après des discussions longues et souvent difficiles, on convint d'un projet de traité en huit articles, dont la principale clause était l'élévation

---

(*a*) Nom du palais du Bey de Tunis.

de MUSTAPHA, frère du Bey de Tunis, au Beylick de Constantine.

Le Sahab-Tabah, gendre de MUSTAPHA, nommé Bey de Constantine, le premier écrivain du Prince, et HASSUNA, premier interprète, furent chargés de les porter à Alger. Le Bey régnant leur enjoignit d'y faire insérer la clause que le traité ne serait exécutoire qu'après la sanction royale.

A leur arrivée à Alger, un arrêté, sous la date du 15 Décembre, prononça la destitution de HADJI-ACHMED, Bey régnant de Constantine, et un autre du 16 nomma à ce même Beylick SIDI-MUSTAPHA, frère du Bey de Tunis.

L'œuvre élaborée à Tunis avec tant de soin, fut modifiée, refondue, et la clause dont nous venons de parler n'y trouva point de place comme superflue. Le nouveau traité fut signé à Alger, le 18 Décembre 1830.

Les principales dispositions de cet acte portaient qu'un tribut annuel d'un million, réduit, pour la première année, à 800,000 fr., en raison des dépenses de l'expédition de Constantine, serait payé à la France sous la garantie du Bey de Tunis; que les navires français ne payeraient que la moitié des droits de douanes imposés aux autres nations, et que protection serait accordée aux négocians et agriculteurs français et européens.

Conditions du traité.

A ces conditions, la France cédait à MUSTAPHA, Bey, tous les revenus de la Province de Constantine, et s'interdisait le droit de mettre garnison dans aucune des places du Beylick, avant qu'il ne fût entièrement pacifié et sans arrangement préalable.

La France refuse sa ratification.

Ce traité ne fut point ratifié par la France. Le Gouvernement le répudia comme n'étant pas son œuvre, comme préjugeant la question de l'occupation indéfinie d'Alger, comme opérant une aliénation trop complète des droits de la France, comme nuisible à nos anciennes possessions d'Afrique, et, enfin, comme n'assurant pas au Trésor un tribut annuel qui fût dans de justes proportions avec les ressources présentes et à venir de la Province. Ce traité, si mal accueilli à Paris, ne l'était guère mieux à Tunis, en raison des modifications qu'il avait subies.

Il n'est guère mieux accueilli au Bardo.

A la cour du Bardo, il y a deux partis bien prononcés : l'un, peu nombreux, fidèle à la politique du Bey HAMOUDA, révéré de ces peuples comme en France l'est HENRI IV, nous adopte et s'attache en quelque sorte à notre fortune; à sa tête sont le Bey et son premier Ministre; l'autre, celui des rigoristes Musulmans, encore enveloppés de tous les vieux préjugés, nous repousse et nous hait. Il compte dans ses rangs tous les membres du Divan, et pour chef SIDI-MUSTAPHA, le même qu'on venait de nommer Bey de Constantine.

Dispositions du Bey nommé.

Ce Prince, croyant occuper un jour Alger, disait ouvertement qu'il se contenterait de régir Constantine par un de ses officiers, et qu'il ne quitterait Tunis que pour se rendre à Alger; que, du reste, il n'entendait avoir aucune apparence de relation avec les Français; et il avait déclaré à Mr RAIMBERT, Agent de Mr le Général CLAUZEL auprès de lui, qu'il ne le recevrait pas dans le Beylick de Constantine.

Comment le Bey le fait recevoir par le Divan.

De son côté, le Bey de Tunis, pour faire accepter le traité par son Divan, et farder, aux yeux de ses peuples et de ceux de Constantine, son alliance avec les infidèles, dut emprunter les couleurs du fanatisme. Il représenta que, touché du danger que courait la Province de Constantine, de tomber entre les mains des chrétiens, il avait profité de ses relations avec la France pour en éloigner le fléau qui menaçait l'Islamisme, et qu'il avait acheté cet éloignement au prix de quinze ou vingt millions; mais que, son trésor ne pouvant payer une telle somme en une fois, il avait dû prendre certains termes. C'est ainsi qu'il colora la clause du tribut annuel. Quant à l'investiture, il n'en fut pas question, et elle resta un secret entre lui et le Sahab-Tabah (*a*) (N° 18).

(*a*) Sahab-Tabah, Garde des sceaux; c'est toujours un homme de confiance et le premier Ministre. On sent que cela doit être dans un pays où la signature n'est rien et où le cachet est le signe de l'authenticité. Cet usage date de la plus haute antiquité.

Ce traité fut rédigé avec tant de négligence et si peu de précision, que les textes arabes et français offrent des différences essentielles. Aussi, dès le mois de Janvier, il s'était élevé des difficultés sur le sens de plusieurs clauses : sur l'époque du premier payement du tribut ; sur les bons offices de la France, auprès de la Porte, pour obtenir l'investiture du pays que nous lui cédions ; sur les rapports des Princes tunisiens avec la France ; enfin, sur le droit qu'auraient les Français de devenir propriétaires dans le Beylick. Le Bey Mustapha le leur déniait, et l'agent du Général Clauzel, près du Gouvernement tunisien, dut le consulter à ce sujet (N° 19).

Traité pour la Province d'Oran.

Au milieu de toutes ces difficultés, et avant qu'elles fussent aplanies, le Général en Chef offrit le Beylick d'Oran à un autre Prince de la même maison, et ne lui donna que quatre jours pour se décider. Cette offre fut acceptée, et un arrêté du 4 Février nomma Achmed, Bey, Prince de la maison de Tunis, au Beylick d'Oran. Le traité qui en stipule les conditions est du 6 Février 1831.

La France le rejette.

Quoique l'article 2 réglât, d'une manière fixe, les rapports de ce Gouverneur avec la France, et que des conditions plus avantageuses pour elle y fussent stipulées, il n'en fut pas mieux reçu à Paris. Il fut rejeté par les mêmes raisons que celui du 18 Décembre (*a*).

(*a*) Ce traité fut l'œuvre de Mr Volland, l'un de nos

Il n'est reçu à Tunis que par l'espoir de posséder Alger.

A Tunis, il parut plus onéreux que celui de Constantine, et même contraire aux principes et aux sentimens religieux du pays. Il n'y fut accepté que dans l'espoir que l'occupation des deux Provinces les plus importantes du Royaume amènerait la cession du territoire d'Alger (*a*). Des promesses verbales et des lettres arrivées au Bardo y entretenaient ces espérances (N° 20).

Nous n'avons pas à examiner si le Chef de l'armée française outre-passa ses pouvoirs; cette question serait oiseuse, et sa solution ne nous regarde pas; mais nous reconnaîtrons que l'occupation paisible et entière des Provinces de l'Est et de l'Ouest par des Princes soumis à la France, procurerait à notre commerce des avantages considérables, et aux colons d'Alger une grande sécurité. Malheureusement un pareil résultat est bien difficile à obtenir, s'il n'est impossible. Sans parler du mauvais vouloir du Prince appelé à régner, qui aurait rendu nulles ces espérances, les Tunisiens n'étaient peut-être pas les hommes les plus propres à vaincre les difficultés.

---

administrateurs les plus éclairés; on y reconnaît l'homme habitué aux grandes affaires.

(*a*) Cela n'empêcha pas que la Cour ne témoignât son mécontentement à Hassuna et à Keredin, Aga, pour les changemens qui avaient été introduits dans ce traité à Alger; car il devait être en tout semblable au traité de Constantine.

À tort ou à raison, les peuples de ces contrées passent pour être les plus mauvais soldats des côtes de Barbarie, et toujours ils ont été vaincus par les Algériens. À ce titre, ils sont peu estimés. D'un autre côté, ce Gouvernement est pauvre et n'a point d'armée régulière; aussi comptait-il moins sur ses forces, pour faire la conquête de la Province qui lui était cédée, que sur l'appui de la Religion et sur le secours de plusieurs tribus mécontentes. Enfin, ce pays, hérissé de difficultés naturelles, est habité par un grand nombre de peuplades indépendantes qui non-seulement se refusèrent toujours à toute espèce de tribut envers le Gouvernement turc, mais souvent lui firent la guerre.

Les Tunisiens étaient peu propres à cet œuvre.

Un peu plus tard, la France voulut reprendre ces négociations sur des bases qui lui réservassent plus explicitement ses droits et lui assurassent des avantages plus étendus. Cette mission délicate fut confiée au Commandant HOUDER, officier plein de mérite, et qui périt si malheureusement à Bone quelques mois après. Ses soins et ses efforts furent inutiles, et la négociation échoua, malgré *les talens, la mesure, l'esprit et la sagesse* avec lesquels il la conduisit (*a*). On en verra plus bas les causes.

La France veut reprendre ces négociations.

Le Bey, dans une conférence où assistaient quel-

Le Bey s'y refuse.

(*a*) Expressions d'une lettre de Mr DE LESSEPS.

ques-uns des principaux personnages de sa Cour, déclara, avec un ton d'humeur qui n'est pas dans ses habitudes, que les propositions qui lui étaient apportées n'ayant aucune analogie avec celles qui avaient servi de base au traité primitif, étaient inadmissibles; qu'elles fesaient des Princes de sa maison de simples Intendans (Oukils), tandis qu'en payant le tribut convenu, ils devaient être Princes indépendans; qu'il n'avait consenti aux premières transactions que dans l'espoir dont on l'avait entretenu, que la France, pour plusieurs motifs, ne pouvant conserver Alger, cette place lui serait remise avec ses dépendances. Revenant au premier traité, le Bey trouvait, dans la différence des textes arabes et français, une preuve de mauvaise foi (*a*).

Ses reproches.

Ses plaintes.

A ces accusations il joignait des doléances, des plaintes amères : on l'avait jeté dans des dépenses ruineuses; on l'avait compromis auprès de la Sublime Porte; Oran, qu'on devait lui remettre soumis, à l'exception de Trémècen, était en pleine

---

(*a*) Il est sûr qu'il existe, entre les textes arabes et français, des différences notables. Ainsi, le titre 2 porte en arabe que *le tribut pourrait être diminué plus tard.* Au Bardo, on allait jusqu'à dire que si le chiffre en avait été élevé, c'était pour satisfaire les Chambres. Un autre article lui cède la pêche du corail, tandis que le texte français est muet, et que le Général français croyait se l'être réservée (N° 21).

insurrection, etc. Le fier et violent MUSTAPHA, Bey nommé de Constantine, ne gardant aucune mesure, s'écriait : *ils nous ont trompés !... ils voulaient nous perdre.....* (*a*) (N° 22).

Motifs de la conduite du Bey.

Ces récriminations n'étaient pourtant pas la vraie cause du reject de nos propositions : il tenait à la position critique où se trouvait le Bey, et à l'impossibilité où il était de rien faire pour la conquête de Constantine.

Pour assurer le succès de l'expédition contre cette Province, le Bey avait voulu former à l'européenne un corps d'infanterie d'environ mille hommes. On lui donna, pour l'organiser et l'instruire, un Capitaine du Génie.

Quoique ce corps fût misérablement nourri, vêtu et payé, le Gouvernement, pour subvenir aux frais de son entretien, fut forcé de recourir à des mesures fiscales et vexatoires. Elles soulevèrent les esprits et causèrent l'insurrection des Provinces de Matter (*b*) et du Keff (*c*), voisines de celle de Constantine. Pour les faire rentrer dans l'ordre, il fallut mettre en campagne, plus tôt que de coutume, l'armée chargée de percevoir les tributs (*d*). D'un autre côté, l'engouement du Bey

(*a*) Notre Envoyé fut obligé de lui rappeler les égards dus à son caractère.

(*b*) Matter, autrefois *Oppidum Materense*.

(*c*) Keff, autrefois *Sicca*.

(*d*) Elle sort habituellement en Septembre ; cette fois ce fut en Juillet.

pour les troupes régulières était passé. Les excès qu'elles avaient commis, et leur désertion journalière, lui avaient fait perdre l'espoir d'en tirer le parti qu'il s'en était promis pour contenir les milices Turques et Zouaves. Enfin, les partisans du Prince tunisien diminuaient journellement, et les Scheicks des tribus mécontentes qui avaient pris des engagemens avec lui, s'étaient éloignés peu à peu (N° 23).

Mais tandis qu'à Tunis les moyens d'agression se réduisaient à rien, SIDI-HADJI-ACHMED, Bey régnant à Constantine, avait considérablement augmenté ceux de défense. Il avait recruté ses troupes et doublé leur solde, fortifié sa capitale, battu ses ennemis, et reconquis quelque popularité à l'aide de la Religion et par la diminution des impôts. Dans ce pays-là, plus que partout ailleurs peut-être, le meilleur gouvernement est celui à meilleur marché.

Mr le Général CLAUZEL, obligé de donner des explications sur cette transaction et sur celle qu'il allait ouvrir avec le Shérif de Maroc, fut mécontent de la manière dont elles avaient été reçues. L'issue de ces négociations avait porté une atteinte grave à son autorité ; il demanda son rappel et l'obtint.

CHAPITRE III.

Arrivée du Général Berthézène. — Départ du Général Clauzel. — Situation morale de l'armée. — Les Parisiens. — Situation du pays. — Système de la nouvelle administration. — Opposition qu'il rencontre. — Ses actes. — Établissemens publics.

Quod non jactantiâ sed veritatis jure refero.

Le Général Clauzel quitta Alger le 21 Février. Son successeur, le Général Berthézène, y était arrivé la veille.

Après l'expédition de Médéah, les corps de l'armée d'Afrique avaient successivement quitté ce pays, à l'exception des quatre régimens destinés à y rester. Cette désignation, quoique faite par le sort, ne leur en était pas moins pénible ; et le dégoût violent que leur inspirait le séjour de l'Afrique, ressemblait beaucoup à la nostalgie. *L'armée rentre en France, à l'exception de 4 régimens (15.e, 20.e, 28.e, 30.e).*

Au regret de rester dans un pays qui n'offre, en réalité, ni agrément, ni distraction au soldat, se joignait le sentiment des privations qu'il devait y supporter ; encore alors il était disséminé dans des maisons isolées, tombant en ruine, et couché sur la terre sans lit, sans matelas et sans paille. *Dégoût des troupes. Sa cause.*

Il n'était point au pouvoir de l'administration nouvelle d'améliorer cet ordre de choses ; car il n'y avait plus ni toiles ni laines dans les magasins, et le pays n'offrait aucune ressource dont on pût tirer parti.

La force de ces corps était bien diminuée par suite des maladies et de la guerre ; mais cette situation numérique n'inspirait aucune crainte. On attendait d'ailleurs de nouvelles recrues pour les compléter à trois bataillons.

Les Parisiens. Déjà, à cette époque, il était arrivé à Alger quelques détachemens de ce qu'on appelait *Volontaires Parisiens.* Le Général CLAUZEL les avait mis en subsistance dans les cadres des bataillons Zouaves, et il avait accordé la solde de Sous-Lieutenant à ceux des officiers qui n'avaient aucun titre légal.

Ces soi-disant *Parisiens* étaient un ramassis fait sur le pavé de Paris. Ils appartenaient, non-seulement à tous les départemens de la France, mais encore à toutes les nations de l'Europe. Un aventurier, sans mission avouée, s'était chargé de les enrôler, et, après s'être donné à lui-même le titre de Lieutenant Général, avait distribué des grades à volonté. D'abord destinés pour l'Espagne, ces hommes furent dirigés plus tard sur Alger ; c'était la réunion de toutes les infirmités morales et physiques. Sur environ quatre mille cinq cents qui abordèrent en Afrique, près du tiers fut impropre à tout service et à tout travail.

Leur situation. Nus, sans souliers, livrés à la crapule et à la débauche, ils fesaient honte et pitié. Les habitans du pays les désignaient sous le nom de *Bédouins français.*

La destination que leur avait donnée le Général CLAUZEL leur déplaisait ; leur amour-propre en était blessé ; ils prétendaient d'ailleurs n'avoir contracté aucun engagement ; et il est vrai de dire que celui qu'ils signaient, à leur passage à Toulon, n'était pas exempt d'irrégularité.

Ils sont organisés en bataillons.

La discipline a tenté de faire de ces élémens vicieux un corps de troupe respectable, et elle y a réussi.

D'abord on les forma en bataillons, et l'on donna des armes à tous ceux qui avaient déjà servi. Cette mesure et cette marque de confiance les flattèrent, et beaucoup furent ramenés au sentiment du devoir et de l'honneur.

Les officiers de ces troupes.

Les officiers étaient la partie la plus difficile à discipliner ; ils se plaignaient hautement de la solde qu'on leur accordait, et ils réclamaient, avec leurs grades, celle dont ils avaient joui en France ; ils ne dissimulaient pas l'espoir de susciter des troubles quand de nouveaux détachemens seraient arrivés. Des mesures furent prises pour déjouer ces projets et détruire l'influence qu'ils exerçaient sur cette réunion d'hommes. Elles eurent un plein effet, et bientôt on n'eut plus rien à craindre de ce côté.

Population d'Alger à cette époque. Son esprit.

A cette époque, la population européenne était

très-faible à Alger, et les deux tiers étaient étrangers à la France. Sur cinq cent vingt-neuf individus dont elle se composait, il n'y avait que cent cinquante-sept Français, femmes et enfans compris ; le reste, rebut de ce que les rives de la Méditerranée avaient de plus misérable ou de plus immoral, eût été facilement un instrument de trouble et de désordre, si la police n'eût exercé sur eux une surveillance sévère et continue.

Algériens. Loin de voir se réaliser les promesses qui leur avaient été faites et les espérances qu'ils avaient conçues d'un meilleur avenir, les Algériens, frappés d'ilotisme et rançonnés, se voyaient forcés de nous disputer les débris de leur fortune.

Le *Clergé* avait vu, avec douleur et dépit, l'administration des biens sacrés passer sous la direction des infidèles.

Mécontentement et esprit des indigènes. Les notables, dépouillés de l'autorité municipale, étaient humiliés et blessés. Toutes les classes avaient éprouvé des dommages plus ou moins considérables et se voyaient talonnées par la misère.

Dans la ville, beaucoup de maisons et de boutiques, unique ressource des classes ouvrière et moyenne, avaient été abattues pour motifs d'utilité publique, mais surtout pour des embellissemens projetés.

Hors de la ville, les maisons de campagne étaient occupées ou ruinées par les soldats ; les jardins restaient incultes, et la plus grande partie des arbres fruitiers avaient été abattus et brûlés. Enfin, des Français, peu dignes de ce nom, abusant de leur position, exerçaient des violences matérielles ou morales, et, ce qui est plus vil encore, usaient de fraude pour dépouiller quelques riches habitans et s'approprier leurs belles propriétés.

A ces causes d'un juste mécontentement se joignaient la haine du joug étranger et l'antipathie pour nos mœurs, qu'augmentaient encore nos airs méprisans, nos dédains et nos vexations de tous les instans. Sous beaucoup de rapports, ils étaient bien plus malheureux que sous le régime turc, et devaient le regretter.

A l'extérieur, les Arabes et les Cabaïls avaient oublié vite les leçons sévères qu'ils avaient reçues.

Massacre de l'équipage d'un brick français à Bugie.

Au mois de Décembre, un brick français eut le malheur d'échouer sur les côtes de Bugie; l'équipage et les passagers furent massacrés par les Cabaïls; deux seulement échappèrent au sort commun, et Mr le Général Clauzel s'empressa de les racheter. Leur rançon fut fixée à 2,000 fr.

Leur turbulence naturelle, le départ des troupes, la présence des Marocains dans la Province d'Oran, et les proclamations de Muley-Ali, cousin du Shérif de Maroc, avaient relevé leurs espérances; partout ils remuaient ou étaient dans un état hostile.

Les tribus de Titeri méconnaissaient l'autorité du Bey et se pillaient entr'elles; celles des Sommata et de Musoïa dépouillaient les voyageurs et arrêtaient les arrivages; voici comment s'exprimait, au commencement de Mars, le Bey que nous avions établi à Médéah :

« Il faut d'abord que je vous fasse mes compli-
» mens sur votre nomination et sur votre heureuse
» arrivée à Alger. Quant aux tribus de Titeri, elle
» sont toujours aussi intraitables qu'auparavant ;
» elles volent les biens des habitans de Médéah,
» et se pillent entr'elles. Les tribus de Riéra.....
» sont les plus mauvaises de toutes. Quant à celles
» étrangères à ma Régence, comme celles de Beni-
» Salah, Beni-Massoud, Musoïa, Sommata, Beni-
» Menad, Chenoua, elles sont toutes convenues
» d'attaquer les Français s'ils sortent d'Alger. Celle
» de Sommata intercepte les routes du Ouedjer;
» les autres n'interceptent pas les routes, mais
» elles ont dépouillé trois voyageurs (*a*). »

A Blida même, le Gouverneur établi par le Général Clauzel, venait d'en être chassé (N° 24). Les tribus de l'Est n'étaient pas plus paisibles; nos soldats n'avaient jamais passé le Haratch, et elles étaient restées dans un état d'insoumission complète (*b*).

Cet état de choses n'avait rien de dangereux

(*a*) Extrait du rapport du Bey de Titeri au Général Berthézène.

(*b*) Ce n'est pas exact. Trois jours après la prise d'Alger, une brigade alla jusqu'à Matifoux, et rentra de suite au camp.

pour Alger; mais il troublait la sécurité publique, et pouvait compromettre momentanément la subsistance de la population non militaire.

Pour parer à cet inconvénient, des arrêtés du 9 Décembre et du 9 Janvier avaient prescrit l'achat de dix mille sâas de blé sur le marché d'Oran (*a*), mesure de précaution qui tourna toute au détriment du Trésor; enfin, le Général CLAUZEL avait ordonné, le 19 Février, au Général BOYER, de parcourir la Mitidjiah avec des forces assez imposantes pour repousser toute agression (*b*). C'est le 22 Février que cette course devait avoir lieu; l'arrivée du nouveau Général et les pluies la firent retarder.

Depuis la destitution de l'Aga des Arabes, HAMDAN, et son exil en France, nous n'avions plus aucun moyen d'action directe sur ces peuplades, et la nomination d'un Français à cet emploi ne pouvait obtenir leur confiance (*c*).

(*a*) La maison SELLIÈRE s'était chargée de cette fourniture; les grains qu'elle fournit furent de mauvaise qualité, et, bientôt après les avoir payés très-cher, il fallut les revendre à bon marché.

(*b*) Instruction du Général CLAUZEL au Général BOYER, en date du 19 Février 1831.

(*c*) On ignore les motifs de la destitution de l'Aga HAMDAN, mais on a lieu de croire qu'elle fut due à une intrigue de JOUSSOUF. On a trouvé, au chapitre 1er de cette 2e partie, des preuves de la mésintelligence qui régnait entre ces deux hommes.

Il fut remplacé par un Français (arrêté du 13 Février).

Il importait cependant à la sécurité publique et à la prospérité de notre établissement, de faire cesser les plaintes des Maures, et surtout d'établir, avec les peuplades extérieures, des relations plus durables que celles qui avaient existé jusqu'alors.

Système du nouveau Général.

Le nouveau Général pensa qu'une conduite réglée par la justice la plus rigoureuse était le moyen le plus efficace de parvenir à ce but; qu'avec des peuples de mœurs, d'opinions, de préjugés et de religion si différens des nôtres, nous ne pouvions avoir d'idées communes qu'une seule, celle de l'équité; que les Maures, par leurs relations habituelles, leur sympathie réciproque et leur communauté de religion, étaient le lien et l'intermédiaire nécessaires des rapports qu'il était si utile d'établir; enfin, portant ses regards dans l'avenir, il lui sembla que la conservation de cette colonie dépendait de ces rapports, et qu'eux seuls pouvaient la préserver du sort qu'avaient éprouvé Malthe et les îles Ioniennes.

Il est basé sur l'équité.

L'histoire ancienne et l'histoire moderne de ces peuples venaient également à l'appui de ce système. En effet, SALLUSTE observe que JUGURTHA était aimé des Numides et des autres villes éloignées qui auraient pu facilement se soustraire à sa domination, parce qu'il était *doux* et *juste*, pendant que les Romains étaient détestés en raison de leurs violences et de leur avarice. PROCOPE nous apprend qu'au 6e siècle, la cruauté et la perfidie des Gouverneurs de l'Afrique (*a*) causèrent la révolte des Maures, et furent la source de malheurs effroyables pour le pays et les Romains (N° 27) ; tandis que la France se rappelle avec orgueil le succès et le surnom glorieux que, naguère, dans la Haute-Égypte, valurent au Général DESAIX sa justice et sa modération.

Aussi ce principe et celui de s'opposer à toute dilapidation des deniers publics furent la règle invariable de sa conduite.

Les occasions de les appliquer ne furent ni rares ni lentes à se présenter ; et si l'autorité eut le regret de ne pouvoir réparer toutes les injustices, elle put du moins faire obtenir à quelques-uns des réparations légitimes, et offrir à tous sécurité pour l'avenir. Mais en même temps qu'elle protégeait les indigènes et allégeait, autant qu'il était en elle, leur misère, d'un autre côté elle réprimait sévèrement leurs écarts.

Sévérité exercée contre les indigènes coupables.

A la fin du *Ramadan* (mois de Mars), époque où le fanatisme est plus exalté, un Maure frappa un soldat, et il fut pendu.

Plus tard, conformément aux arrêtés un peu *draconniens* existans, un autre Maure, trouvé muni de quelques balles, fut fusillé. Des Turcs

---

(*a*) SALOMON et SERGIUS, PROCOPE, hist. des Vend., liv. II, chap. XXII et XXIII, et en plusieurs autres endroits.

turbulens furent exportés et des Arabes bannis après avoir reçu la bastonnade.

Soumission des Sommata et des El-Kaschèna.

Cet essai réussit. Au mois de Mars, non-seulement les arrivages de toute nature n'éprouvaient plus d'interruption (*a*), mais les Sommata punissaient eux-mêmes les malfaiteurs de leurs tribus, et les El-Kaschèna vinrent, pour la première fois, faire leur soumission; ils se chargèrent de la police du Hamise au Haratch.

Opposition que rencontre ce système.

Ce système, le seul digne du nom Français, et qui paraissait à la fois le plus politique et le plus utile, blessait trop d'intérêts, éveillait trop de craintes et renversait trop de projets, pour ne pas soulever de violentes oppositions.

Contre lui se réunirent les hommes cupides qui convoitaient la fortune publique et particulière; ceux dont la maxime est : malheur aux vaincus, sans songer au sort de son auteur; ceux pour qui la foi jurée n'est qu'un leurre, et cet essaim nombreux d'aventuriers qui, alléchés par l'espoir d'une fortune facile et rapide, étaient accourus de tous les coins de l'Europe.

L'équité leur pesait; les formes de nos com-

(*a*) Au 18 Mars, le blé que le Gouvernement avait acheté, en vertu de l'arrêté du 9 Janvier précité, 16 et 17 fr. le sâa, ne valait, sur la place d'Alger, que 6 fr. 50 c. à 7 fr.

Rapport du Commissaire général de police, ROLLAND DE BUSSY.

missions militaires et les décisions prévotales n'étaient pas assez expéditives. Il leur fallait une *justice partiale* et des moyens *pris en dehors de la civilisation.*

Étrange contradiction de l'esprit humain! Nous parlions *humanité*, et tous nos actes étaient empreints de violence, d'iniquité, de fraude et de cruauté.

Nous voulions nous établir d'une manière ferme et stable, jouir de la paix et de la sécurité, et nous nous abandonnions aux passions déréglées qui nous ont fait perdre nos possessions d'Asie, Madagascar et St-Domingue.

Une chose digne de remarque, c'est que, presque partout au-delà des mers, les Européens, mais surtout nos compatriotes, ont revendiqué comme leur propriété les biens des indigènes ; il est vrai qu'*ils ne portent point de haut-de-chausses*, comme l'observe MONTAIGNE.

Les meurtres atroces, les malheurs effroyables, les terribles représailles qui accompagnèrent partout cette iniquité, n'ont pu nous instruire, tant la passion du lucre peut obscurcir la raison.

Aucun changement n'est fait dans l'administration.

Persuadé que, si la fixité dans la marche de l'administration est désirable partout, elle est nécessaire dans un établissement naissant, le nouveau Général ne changea rien à l'ordre de choses établi par son prédécesseur, et ses arrêtés continuèrent à régler la justice et l'administration.

L'ambitieux Comité du Gouvernement redevint, il est vrai, la modeste Commission consultative, mais rien ne fut changé dans son personnel, ni dans ses attributions.

Modifications faites à la législation.

Ce Général borna ses soins à étudier les besoins du pays, et son action à introduire successivement, dans la législation, les modifications que l'accroissement de la population, le développement de l'industrie et l'extension du commerce rendaient nécessaires.

Chaque jour les transactions entre les Européens et les indigènes devenaient plus nombreuses. Il convenait de leur donner des dates certaines et d'assurer la sincérité des contrats; et il fut prescrit que ces contrats seraient, sous peine de nullité, écrits dans les deux langues, en regard, et soumis à l'enregistrement.

Les décisions du Tribunal correctionnel avaient pris de l'importance: l'appel fut accordé aux parties.

Les monopoles du sel, de la viande et des cuirs, également contraires aux progrès de l'industrie et à notre droit commun, furent abolis.

La libre exportation des grains du port d'Oran (*a*) fut rendue au commerce, et les blés et les farines furent affranchis du droit de douanes et d'octroi (*b*).

(*a*) L'exportation avait été prohibée, pour faciliter à la maison SELLIÈRE l'achat de dix mille mesures de blé, destinées à l'approvisionnement d'Alger.

(*b*) Une bonne partie des modifications heureuses et du

Il serait inutile et fastidieux de faire l'analyse de tous les actes de cette administration ; mais ces exemples étaient nécessaires pour en faire connaître l'esprit et la marche.

Ce principe de ne rien innover fut également appliqué au personnel des administrations (*a*). Lourde faute, plus préjudiciable encore aux intérêts de l'État qu'à ceux de l'autorité! Je la signale à dessein aux hommes appelés à diriger de grandes administrations, pour qu'ils l'évitent soigneusement s'ils veulent faire le bien.

Esprit des employés civils.

Les hommes qui remplissaient les emplois civils n'avaient, avec la nouvelle autorité, rien de commun ni dans les vues, ni dans les principes. Loin de là, ils voyaient avec regret et chagrin leurs projets menacés et leurs espérances s'évanouir; et dès-lors, au lieu de pouvoir ou de vouloir lui offrir un concours utile, ils s'attachèrent à en décrier sourdement les actes et à en paralyser l'action par une inertie et des dilations calcu-

---

bien qui ont été faits pendant la durée de cette administration, appartient à Mr Bondurand, Intendant militaire, et déjà connu par la sagesse avec laquelle il administra l'Arragon, sous le Maréchal Suchet.

(*a*) Ce principe fut si rigoureusement appliqué, que le Général refusa de donner à son beau-frère un emploi lucratif occupé par un homme contre lequel s'élevaient beaucoup de plaintes, mais qui ne lui parurent pas suffisamment prouvées.

lées. On en verra un exemple lorsqu'on traitera du domaine public.

Travaux exécutés. L'administration précédente avait été de trop courte durée pour créer à Alger les établissemens que réclamaient nos besoins, et les choses étaient, à cet égard, à peu près dans le même état qu'au moment de la conquête.

L'administration actuelle fut plus heureuse, malgré les obstacles qu'elle trouva dans les hommes et les choses, obstacles dont on ne peut se faire une idée quand on n'a pas habité Alger dans ces premiers temps; elle put, à force de persistance, exécuter plusieurs de ses travaux.

Les rues d'Alger sont étroites et tortueuses; dans beaucoup, les faîtes des maisons se touchent. L'air y circule difficilement, et l'enlèvement des immondices s'y fesait avec lenteur. A ces causes d'insalubrité se joignait l'usage d'abattre les bestiaux dans les maisons particulières. Il était urgent de faire cesser cet ordre de choses, et de prévenir les maladies qui pouvaient en être la suite. A cet effet, des abattoirs furent construits sur le bord de la mer, à une certaine distance de la ville (*a*). *Abattoirs.*

Môle. Les réparations annuelles que fesait le Dey au môle Nord avaient été négligées depuis que nous étions maîtres d'Alger. Les vents du Nord avaient régné avec violence, et les ravages de la mer me-

(*a*) Arrêté du 26 Février.

naçaient d'une ruine prochaine, et les magasins qui y sont établis dessus, et la darse elle-même.

Les empierremens qu'avaient essayés le Génie et l'Artillerie (*a*), pour fermer provisoirement les brèches principales, n'opposaient qu'une digue insuffisante aux envahissemens de la mer. Il fallut refaire l'ouvrage par sa base. Ce soin fut confié à Mr Noel, de la Marine, officier modeste et habile, qui fait vite, bien et à bon marché. Commencé dans les premiers jours d'Avril, ce travail, si difficile et si important, a été terminé avant le retour de la mauvaise saison (*b*) (N° 25).

Moulins à vent.

Dans Alger, la population n'emploie, à la mouture de ses grains, que des meules mues par des chevaux. L'armée ne pouvait tirer aucun secours de ce mode défectueux. On tâcha d'y suppléer par l'établissement de six moulins à vent (*c*). Ils n'ont pas répondu aux espérances qu'on en avait conçues. L'irrégularité des vents et la nécessité de les établir sans qu'ils gênent la défense de la place, empêcheront toujours qu'ils n'offrent des

---

(*a*) Ces armes étaient commandées par MM^rs^ les Lieutenans-Colonels Lemercier et Admirault, dont le zèle et l'amour pour le bien public égalent la capacité.

(*b*) Dans cet espace de temps, cet officier répara aussi la pointe de l'éperon Est du môle, que la mer avait endommagée et menaçait de ruine.

(*c*) Arrêté du 25 Avril.

ressources assurées à la garnison ; et il est à désirer que le Gouvernement y substitue des moulins à vapeur.

Lazaret.

Des *Commissaires de la Santé*, de Marseille, avaient suivi l'armée expéditionnaire ; et un établissement, régi par les réglemens sanitaires de cette ville, fut créé à Alger le jour même de notre entrée dans cette place. Un lazaret était nécessaire ; un arrêté du 31 Août en ordonna l'achèvement (*a*).

Casernes.

Alger manquait de casernes ; on a réparé et mis à notre usage celles des Janissaires ; des travaux bien entendus ont rendu la Cassaubah propre à recevoir douze cents hommes, et le fort Bab-el-Oued, qui ne recevait que vingt-cinq artilleurs, sert au casernement d'un bataillon de huit cents hommes. Mais ces ressources étaient bien insuffisantes encore. La sûreté du pays, la santé, la discipline et l'instruction des troupes, autant que l'intérêt de l'agriculture, demandaient qu'elles fussent concentrées sur un point qui satisfît à ces diverses conditions. La construction des baraques en pisé, à Mustapha-Pacha, réunit ces avantages.

Baraquement de Mustapha.

Ce grand établissement fut commencé vers le 1er

(*a*) Ce fut une faute. Outre les vices de sa construction (il n'a point de latrines), sa position, au milieu du port, le rend impropre à l'usage auquel il est destiné. Il faudrait l'établir ailleurs, derrière le fort Babazoun peut-être.

Avril, et, malgré tout le zèle des officiers du Génie, il n'a été terminé que vers la fin de Novembre (*a*).

On en sera peu surpris quand on saura qu'avec des moyens très-bornés, il fallait, en même temps, agrandir les hôpitaux, réparer les remparts de la ville, le fort de l'Empereur, et pourvoir, par des ouvrages de campagne, à la sûreté des postes extérieurs.

Je ne parlerais point de la place publique (*b*), parce qu'elle n'est point terminée, si une mosquée magnifique, monument de la piété de HASSAN-PACHA, n'avait dû être détruite. Fermée d'abord, elle fut rendue au culte pour les prédications et les cérémonies du *Ramadan* (*c*). Cette complaisance intempestive pouvait causer quelque embarras à la nouvelle administration; on s'attendait *Place publique.*

(*a*) Il est à craindre que, malgré l'opinion des médecins, l'emplacement n'en soit pas très-sain.

(*b*) Le plan en avait été fait par un certain LUVINI, nommé architecte du Gouvernement (vraie sinécure qui coûtait 4,000 fr. à la France). Il a fallu le refaire, parce qu'il détruisait une des principales défenses de la place (la batterie Ex-Mouth), et qu'il jetait l'État dans des dépenses énormes, par la grande quantité de maisons qu'il fallait abattre. Un palais en marbre pour le Gouverneur et une salle de spectacle, qui auraient coûté plusieurs millions, devaient l'embellir.

(*c*) C'est le carême des Musulmans, et toujours une époque de fanatisme; il avait commencé en Février.

généralement à des troubles, au moment de sa destruction, mais on sut les prévenir, et l'opération se fit sans exciter la moindre plainte.

Injustice des plaintes des colons, et des attaques de l'Opposition.

Ces travaux aussi importans que nombreux, exécutés dans la seule année 1831, plusieurs autres, tels que de grandes routes projetées et tracées, attestent, d'une manière éclatante, la sollicitude du Gouvernement pour la prospérité de cette colonie naissante, et le justifient complètement du reproche de n'avoir rien fait pour elle. Au reste, aux yeux de tout homme impartial à qui les faits sont connus, ces doléances injustes, ces cris de la cupidité se traduisent naturellement par ce peu de mots : *on n'a rien fait, car on a refusé de nous servir de compère.*

La confiscation des biens ne fesait pas partie du droit public à Alger.

Jugeant tout avec nos préjugés, nous crûmes, en prenant possession d'Alger, que, sous un Gouvernement aussi despotique, le droit de propriété était inconnu, et que, par suite, tous les biens appartenaient à l'État. Nous fûmes bien surpris quand nous sûmes que, parmi ces barbares, la confiscation des biens n'est pas la conséquence nécessaire d'une condamnation politique, et que là, pas plus que parmi nous, la violence ne fait le droit (*a*). Aussi, et bien que tous les efforts de l'autorité n'aient pu obtenir une situation exacte du domaine public, nous pouvons assurer d'a-

(*a*) Témoin les biens laissés aux enfans Jahia.

vance que les propriétés domaniales sont infiniment moins considérables qu'on ne l'a supposé.

Les propriétés domaniales sont encore peu connues.

Les immeubles même situés dans la ville ne sont pas encore exactement connus. Les états présentés par l'administration des domaines offraient des variantes telles (*a*), que le Général dut nommer une commission pour en faire le recensement. Ce travail seul pourra faire connaître la vérité.

Mesures pour en avoir un état exact et en augmenter les revenus.

En attendant, les frais d'administration absorbaient plus que les revenus ; des renseignemens particuliers, parvenus à l'autorité supérieure, lui avaient révélé des abus graves et nombreux, et lui fesaient penser qu'au lieu de 40,000 fr., le loyer de ces immeubles pourrait s'élever à plus de 100,000.

Le seul moyen d'arriver à ce résultat était la publicité des adjudications ; elle fut prescrite, mais cette mesure salutaire trouva, comme il était facile de s'y attendre, beaucoup d'objections et beaucoup d'oppositions de la part de ceux qui étaient à la tête des finances. Dans une de leurs lettres, les chefs de l'administration osaient même prétendre que cette mesure multiplierait les abus et n'augmenterait les revenus qu'aux dépens du capital ; mais, en même temps, par une contradiction frappante, réclamant l'administration des biens sacrés des Musulmans, sous le prétexte que

(*a*) Les premiers états portaient 368 maisons, les seconds 247, et les troisièmes 147.

leur produit n'était pas proportionné à leur valeur, ces mêmes agens en trouvaient la cause dans la clandestinité des adjudications.

Des motifs aussi pitoyables, des raisons aussi dénuées de bonne foi, ne pouvaient changer ni modifier les ordres du Général. Aussi la mesure fut-elle maintenue, et, tout incomplète qu'en fut l'exécution, elle eut l'avantage de doubler le produit de cette branche des revenus publics.

Population d'Alger au mois de Décembre 1832.

La population européenne s'était élevée, du 31 Mars au 5 Décembre, de 529 personnes à 3,121, dont 1,371 Français (*a*). Cet accroissement se fesait parfois d'une manière embarrassante pour l'administration.

Au mois de Juillet, à l'époque des hostilités des Arabes, dont il sera parlé au chapitre suivant, plus de 400 colons, la plupart Allemands, et destinés d'abord pour l'Amérique, abordèrent à Alger (*b*).

(*a*) Sur ces 529 individus, il n'y avait que 157 Français, savoir : 137 hommes, 10 femmes et 10 enfans. Sur les 3,121 qui s'y trouvèrent au mois de Décembre, il y a 1,371 Français, dont 829 hommes, 292 femmes et 250 enfans.

(*b*) Mr le Maréchal Clauzel a publié que c'était sur son invitation. On le savait, mais on ne l'aurait pas dit; on aurait craint d'attirer quelque blâme sur ce haut personnage, parce qu'il semble que le pain donné à ces étrangers aurait pu être distribué, avec plus de fruit et de justice, à nos compatriotes.

L'état d'indigence où ils étaient obligea l'administration à les loger sous la toile et à leur fournir des vivres pendant plusieurs mois.

Dans ce nombre d'émigrans, il y avait malheureusement peu d'agriculteurs, et ceux-ci, accablés par la chaleur, ne voulaient ou ne pouvaient travailler.

Un des maux de cet établissement est le grand nombre d'artisans qui s'y rendent, tandis qu'il n'y faudrait presque que des agriculteurs. Aussi les Français qui se livrent à la culture des terres, sont-ils obligés d'y employer des Cabaïls.

Compagnies qui ont acquis la plus grande partie des biens maures.

Une bonne partie des propriétés maures est passée entre les mains des Européens, et particulièrement des Français.

La manière dont s'y font les acquisitions (*a*) rend faciles ces sortes de transactions; aussi certaines compagnies ont-elles accaparé une grande quantité de terres.

Il n'est pas probable que, malgré les capitaux dont elles peuvent disposer, ces compagnies fassent faire jamais de grands progrès à l'agriculture. Semblables à ce qu'on appelle, en France, les *bandes noires*, elles attendent des acheteurs pour réaliser des profits.

Association coloniale.

Selon toutes les apparences, l'honneur d'accé-

(*a*) Presque toutes se font à rente perpétuelle, et conséquemment sans débourser de capitaux.

lérer la prospérité de ce pays appartiendra aux petits propriétaires, mais ils doivent rencontrer des obstacles devant lesquels échoueraient leurs forces individuelles. Ils ont pressenti la difficulté, et, pour la vaincre, ils ont conçu l'heureuse idée de réunir leurs forces et de se former en association coloniale (*a*).

L'autorité a compris tous les avantages qui pouvaient en ressortir et y a donné sa sanction. C'est le dernier de ses actes.

Je ne terminerai point ce qui regarde Alger sans faire remarquer qu'un des besoins les plus impérieux de cette population et de l'armée est un service régulier qui assure, à des époques fixes, ses relations avec la mère patrie. Jusqu'à présent il ne s'est fait que par intermittence, et plusieurs fois les intérêts moraux et matériels en ont longtemps souffert.

Les bateaux à vapeur peuvent seuls prévenir le retour de ce mal. Des propositions ont été faites au Gouvernement, et, sans doute, il les acceptera (*b*).

(*a*) Dans sa séance du 15 Janvier 1832, la Société coloniale a décerné, au Général Berthézène, le titre de membre fondateur, qu'il a accepté avec autant de plaisir que de reconnaissance.

(*b*) Ce vœu a été rempli.

CHAPITRE IV.

Courses dans la Mitidjiah et à Médéah. — Détails sur la Mitidjiah. — Insurrection des Arabes. — Leurs hostilités. — Nomination d'un Aga maure. — Arrivée et départ du Prince de Joinville. — Maladies. — Le Duc de Rovigo remplace le Général Berthézène. — État du pays au 25 Décembre.

Nous avons déjà dit que le départ de la plus grande partie de l'armée, et les proclamations des Marocains, avaient agité les esprits, et que quelques tribus interceptaient les routes. Pour mettre fin à cet état de choses, il avait été jugé convenable de faire une course dans la Mitidjiah, avec des forces assez considérables pour n'être pas *insultés* (*a*). Elle était fixée au 22 Février, mais l'inondation de la Mitidjiah et l'arrivée du nouveau Général la firent ajourner.

Expédition à l'Ouest d'Alger.

Celui-ci profita des premiers jours de beau temps pour exécuter ce projet, dont le résultat devait être de calmer les esprits, assurer les arrivages, et explorer un pays que nous avions tant d'intérêt à connaître.

Afin d'être utile jusqu'au dernier instant, le

(*a*) Instruction du Général Clauzel au Général Boyer, du 19 Février 1831.

Général D'UZER, seul des Généraux expéditionnaires resté à Alger, voulut l'accompagner dans cette opération. Nos troupes se portèrent sur Blida, campèrent plusieurs nuits sur les bords de la Schiffa, et descendirent le cours de cette rivière jusqu'à son confluent avec le Ouedjer.

Après leur réunion, ces deux rivières perdent leurs noms et prennent celui de Massafran, qu'elles gardent jusqu'à la mer, où elles se jettent à l'extrémité Ouest du golfe de Sidi-Ferruch.

La division en suivit la rive droite jusqu'au point où elle reçoit le Boufarick ; là les marais la forcèrent à passer sur la rive gauche, d'où elle ne tarda pas à repasser sur la rive droite, et rentra à Alger en longeant le revers méridional du Sahal. Dans ce trajet, il fallut passer huit ou dix fois ces rivières d'une rive à l'autre; mais, quoique nous fussions aux premiers jours de Mars, cette opération se fit sans difficulté et sans danger, même après que le Boufarick a déchargé ses eaux dans la Massafran.

Nulle part le pays ne nous offrit un aspect hostile. Partout les tribus, prévenues d'avance de notre arrivée, venaient apporter des vivres à nos soldats; il est vrai que la discipline était parfaite, et que pas un poil de chameau ne fut pris sans payer.

Les Sommata de la montagne furent plus tardifs à se rendre auprès du Général en Chef. La conduite qu'ils avaient tenue leur inspirait des craintes. Ils furent rassurés, promirent de veiller à la sûreté des routes, et tinrent parole pendant plusieurs mois.

Ouest de la Mitidjiah, et commencement du Hadjoute.

Le bassin de la Schiffa et la partie du Hadjoute que nous parcourûmes, nous parurent plus fertiles et plus sains que la partie de la Mitidjiah que nous connaissions. Nous y trouvâmes aussi des traces récentes d'une culture plus étendue qu'elle n'est aujourd'hui. Les excursions des Sommata et des Chenoua ont forcé les paisibles habitans de ces plaines à s'éloigner; il n'y reste que quelques faibles adouards.

L'olivier se plaît singulièrement sur la rive droite de la Schiffa ; elle en est couverte. A son confluent avec le Ouedjer, nous bivouaquâmes dans une forêt de ces arbres, dont la grosseur nous étonna. Il fallut employer la hache pour nous frayer un passage.

Les bords du Boufarick sont extrêmement marécageux ; ils forment, entre Blida et El-Coleah, un marais de plusieurs lieues, dont l'étendue n'a pas encore été déterminée exactement. Un pont jeté sur cette rivière, à son confluent avec la Massafran, rendrait les communications avec Oran, Méliana et toute la partie de l'Ouest, plus courtes, plus faciles et plus sûres.

El-Coleah.

Le terroir d'El-Coleah se fait remarquer par le soin avec lequel il est cultivé. Déjà, dans cette saison de l'année, il était couvert de la plus belle verdure. Nous traversâmes d'abondans pâturages, et, pendant une de nos haltes, les femmes Arabes, sans paraître effrayées, sortirent de leurs tentes pour entendre notre musique.

Les autorités d'El-Coleah et les principaux habitans, le *Marabet* à leur tête, vinrent nous offrir des vivres pour la troupe, et le chef de nos topographes passa plusieurs heures sur la principale tour de la mosquée, pour rectifier certaines opérations géodésiques.

Résultats de cette course.

Cette course avait eu d'heureux résultats. Non-seulement les communications étaient redevenues libres et les arrivages si abondans, qu'à la mi-Mars le blé était tombé, sur le marché, de huit boudjous à trois et demi, mais encore les tribus d'El-Kaschèna avaient fait leur soumission pour la première fois, et s'étaient chargées de la police entre le Hamise et le Haratch.

La sécurité était parfaite, et rien ne paraissait devoir la troubler, lorsque les tribus de Beni-Halifa, Beni-Yagoub et Beni-Chélima, qui habitent le revers méridional de l'Atlas, entre le Hamise et le Haratch, et par conséquent difficiles à atteindre, vinrent commettre du désordre au marché de Beni-Moussah (*a*), et y défendre d'ap-

---

(*a*) Les Beni-Moussah occupent le revers septentrional de l'Atlas, sur la rive droite du Haratch et cette partie

porter des vivres à Alger. Les mêmes injonctions, accompagnées des mêmes menaces, furent faites au marché de Boufarick.

Les Beni-Msrah (*a*), les Beni-Salah (*b*) et les Beni-Massoud (*c*) interceptèrent les routes de Blida.

Un courrier maure, au service de la France, fut blessé par les Beni-Salah.

Enfin, le Caïd d'El-Kaschèna fut assassiné au milieu d'une fête (*d*) qu'il donnait à l'occasion de la circoncision de son fils.

Quoiqu'il ne fût pas certain que la politique eût part à ce dernier attentat, il était impossible de n'en pas rechercher les auteurs ; et, d'un autre côté, les désordres que j'ai signalés étant de véritables hostilités, ne pouvaient rester impunis sans porter atteinte à notre considération. Il fut donc résolu de marcher contre les tribus turbulentes; mais l'état des chemins et les pluies qui

---

de la Mitidjiah qui s'étend le long de cette rivière jusqu'au pont de pierre.

(*a*) Les montagnes habitées par les Beni-Msrah s'étendent de la rive gauche du Haratch jusqu'au terroir des Beni-Khalil, près Blida.

(*b*) Ils habitent les montagnes au Nord de Blida.

(*c*) Les Beni-Massoud occupent le revers méridional de ces mêmes montagnes.

(*d*) Ce Caïd avait réuni beaucoup de convives, à l'occasion de la circoncision de son fils. Pendant qu'il s'entretenait avec eux, un coup de fusil, parti de derrière une raquette, l'abattit au milieu du cercle.

régnèrent jusqu'à la fin d'Avril, ne permirent pas de le faire avant les premiers jours de Mai.

Une colonne d'environ quatre mille hommes, munie de canons et de vivres, sortit d'Alger et se porta vers l'Est, où nos troupes n'avaient pas encore paru.

Expédition à l'Est et au Sud d'Alger.

Cette expédition ayant le double but de rétablir l'ordre et de reconnaître un pays nouveau, nous nous dirigeâmes vers l'embouchure du Hamise, dans le dessein de remonter cette rivière jusqu'à sa sortie des montagnes, et suivre ensuite le pied de l'Atlas jusqu'aux tribus de Beni-Msrah et Beni-Salah qui s'étaient montrées les plus mutines. L'intempérie de la saison ne permit pas de le mettre entièrement à exécution.

Route de Matifoux.

Nous suivîmes la route de Matifoux jusqu'au terroir de Méridja et au tombeau du *Marabet* Mehemet-El-Touri. Le terrain en est sablonneux, couvert de petites broussailles et totalement inculte. Au Sud, la route est longée par le marais Oued-el-Mar, qui s'étend jusque vers Méridja.

A notre approche, la tribu d'El-Aouffia (*a*), accusée du meurtre du Caïd d'El-Kaschèna (*b*),

---

(*a*) Cette tribu inoffensive, et qui jamais ne nous fut hostile, n'existe plus.

(*b*) Le terroir d'El-Kaschèna est vaste : il s'étend de la rive gauche du Hamise jusqu'aux Beni-Moussa, et près de la mer. Plusieurs tribus l'habitent; mais on les confond sous le nom d'El-Kaschèna.

prit la fuite. Le Général autorisa les parens du Caïd à garder les troupeaux de la tribu jusqu'à ce que le coupable fût livré (*a*). Ce qui fut fait quelques jours après.

Cette tribu d'El-Aouffia, qui a été exterminée, en 1832, sous des prétextes qui me parraissent vains, plantait ses tentes dans la plaine à l'Est des Beni-Moussa. *Tribu d'El-Aouffia.*

Faible et inoffensive, elle ne s'occupait que de l'éducation des bestiaux; elle fournissait Alger de beurre et de lait, et les profits que lui rendait ce commerce excitèrent souvent la cupidité des Bédouins. Plusieurs fois elle fut obligée à chercher appui et protection sous nos postes.

Les El-Kaschèna, au contraire, sont nombreux et ont la réputation d'être pillards; ils s'étendent sur les deux rives du Hamise, et sont séparés des Beni-Moussa par l'Oued-el-Beni-Moussa, qui coupe cette plaine diagonalement, et vient se jeter dans l'Oued-el-Mar, sous la Maison-Carrée. *Les El-Kaschèna.*

Le soir, un orage effroyable nous assaillit dans notre bivouac. Il dura sept heures avec une violence telle, que des chevaux d'artillerie en furent entraînés; s'il eût continué toute la nuit, il est difficile de dire comment nous serions sortis de cette plaine. La terre était détrempée et couverte *Orage.*

(*a*) Il le fut quelques jours après; mais lorsqu'il fallut prouver le meurtre, il n'y eut point de témoins.

d'eau, le pied des montagnes inaccessible. Il fallut revenir sur le Haratch pour nous porter contre les Beni-Msrah, et, dans cette marche, la troupe eut de l'eau jusqu'à mi-jambe.

Riches prairies. La richesse des prairies que nous parcourûmes depuis Meridja est surprenante; l'herbe en était si haute et si épaisse, que la marche des chevaux en était entravée. Mais le pays manque de bois et de bonne eau; aussi point de culture, et rien de bâti. Cependant nous aperçûmes, sur les bords du Hamise, quelques huttes éparses, et, près des montagnes des Beni-Moussa, nous vîmes quelques mauvaises cabanes et quelques lopins de terre cultivés en céréales.

Beni-Msrah. Les Beni-Msrah avaient compté joindre à leurs *fusils*, qu'on évalue à six cents, ceux des Beni-Halifa et des Beni-Salah; mais ces deux tribus, retenues dans leurs montagnes par la crainte d'y être attaquées, manquèrent au rendez-vous; réduits alors à leurs propres forces, la crainte s'empara d'eux et ils vinrent demander grâce. On leur infligea l'amende de quelques bœufs qui furent distribués en gratification aux troupes.

Au pied de ces montagnes, nous eûmes encore à supporter un orage violent; mais, moins malheureux que chez les El-Kaschèna, nous avions du bois en abondance pour nous sécher et nous réchauffer.

Après avoir reconnu que, du Haratch à Blida,

la partie basse de l'Atlas est très-accessible et praticable, même à l'Artillerie, malgré les torrens dont le pays est coupé, nous campâmes sur l'Oued-el-Kebir, en face des Beni-Salah.

Ces montagnards ayant refusé de livrer l'assassin du courrier français, leur montagne fut enveloppée. Ils l'abandonnèrent après avoir tiré quelques coups de fusils. Nous n'y trouvâmes ni habitans ni bestiaux. D'avance ils les avaient fait passer chez les Massoudes, leurs voisins. *Beni-Salah.*

Parvenus sur le sommet du Télézit, célèbre, chez ces montagnards, par la résistance parfois heureuse qu'ils y avaient opposée aux Turcs, nous fûmes enveloppés d'un brouillard tellement épais, que nous ne nous voyions pas les uns les autres. Il arrêta notre marche et nous empêcha d'enlever des hommes et des bestiaux; nous ne pûmes pas même reconnaître le revers méridional de cette montagne, ni la vallée qu'elle forme; nous y attendîmes vainement, jusqu'à quatre heures du soir, une *embellie*. Il fallut nous retirer pour empêcher que les troupes ne s'égarassent. Ces peuples regardèrent cet événement comme une preuve de la protection de la providence pour prévenir la destruction totale d'une tribu de fidèles. Le Télézit s'élève à 1,192 mètres au-dessus du niveau de la mer. *Hauteur du Télézit.*

En parcourant ces montagnes, les soldats trouvèrent suspendus en *ex voto*, près du tombeau d'un *Marabet*, le sac et le livret d'un homme du 15e de ligne, assassiné précédemment. Ce fut le signal de l'incendie de toutes les huttes qu'on rencontra, et de l'abatis des arbres fruitiers.

Incendie de ces montagnes.

Résultats de cette course.

Malgré ces contrariétés, cette course ne fut pas sans résultats avantageux. El-Arbi, le Scheick des Beni-Halifa, notre ennemi, fut destitué et remplacé par un *Marabet* de nos amis; les Beni-Salah implorèrent notre clémence, et, du Ouedjer à Tementfoux et à l'Arbataach (*a*), tout était redevenu tranquille.

Cette course avait encore eu l'avantage de donner à nos topographes l'occasion de mesurer un des points les plus élevés de l'Atlas, et à l'administration la connaissance d'un pays riche en fourrages, où elle pourrait puiser, à l'avenir et sans frais, les approvisionnemens nécessaires à l'armée. La saison avancée et l'ignorance de ces ressources ne lui permettaient point d'en profiter cette année; cependant l'Artillerie, grâces au zèle du Colonel Admirault, trouva le moyen d'en ramasser la quantité nécessaire à la nourriture de ses chevaux pendant l'espace de cinq mois.

Sans contester l'utilité et quelquefois la nécessité de ces expéditions, il est permis de penser qu'elles

---

(*a*) C'est le nom que porte le Hamise avant de sortir des montagnes. Ce dernier lui vient d'une foire qui se tient sur ses bords tous les jeudis.

doivent être moins fréquentes qu'on ne le croyait alors; car, outre l'inconvénient de fatiguer les troupes, d'appauvrir leurs masses, et d'augmenter considérablement le nombre des malades, elles inquiètent ces peuplades et les tiennent dans un état continuel d'agitation et de méfiance.

Résumé des notions sur la Mitidjiah.

Avant d'aller plus loin, il convient de résumer ce que nous connaissons de la Mitidjiah, afin qu'on puisse s'en faire une idée vraie et juste.

Cette vaste vallée, qui s'étend de Cherchel jusqu'au Boberack ou aux montagnes de Flissah, en y comprenant la partie du Hadjoute qui en est la continuité à l'Ouest, est resserrée entre l'Atlas, les montagnes de Chenoua, Teffesad, El-Coleah, le Sahal, le Quoubba et les hauteurs qui s'étendent jusqu'au cap Matifoux. Sa longueur est d'environ trente lieues, sa largeur de quatre à cinq.

Peu connue encore aujourd'hui, elle ne l'était pas du tout avant les courses dont nous venons de parler.

Alors on n'avait vu que la route de Blida, dont le sol sablonneux ne produit que des lauriers roses.

Elle est presque inculte et inhabitée.

Dans son état actuel, elle est, en général, inculte et inhabitée. Quelques faibles tribus y ont planté leurs tentes ou bâti des huttes de boue de cinq à six pieds de haut; leurs adouards sont environnés et défendus par des haies d'aloès, et surtout de *cactus* épineux, hauts de dix à douze pieds.

Vers l'Ouest et en se rapprochant des montagnes, on trouve quelques habitations qu'on peut appeler *fermes*, autour desquelles on cultive des céréales. Elles sont ombragées par des groupes de beaux arbres. Le reste de la plaine est nu et sans bois; il est sous l'eau en hiver, et sans eau pendant l'été. Il sert de pacage à de nombreux troupeaux.

Son sol. Le sol, dans les lieux bas, est formé d'une terre noire et forte, qui, pendant les chaleurs, se fendille et donne lieu à des crevasses profondes.

Ses marécages. Sur tous ses plans, sur tous ses niveaux, on trouve, du Boufarick au Hamise, des marais plus ou moins profonds, plus ou moins étendus. On n'a pas assez étudié le pays pour savoir si leur déssèchement serait difficile et coûteux.

Le peu d'eau qui coule dans la Massafran et le Haratch, seules rivières de cette partie de la plaine qui en conservent pendant l'été, ne permet pas de croire à la possibilité des irrigations.

Riches prairies. Du Haratch au Hamise, au Sud de la route de Matifoux, les pâturages sont riches et abondans. J'ai déjà fait observer qu'au mois de Mai, lorsque nous parcourûmes ce pays, l'herbe y était si haute et si épaisse, que les chevaux en étaient embarrassés dans leur marche.

El-Oued Beni-Moussa. Le marais El-Oued-Kaschèna, ou El-Oued-Beni-Moussa, qui prend sa source vers le point où le Hamise sort des montagnes, coupe cette vaste plaine diagonalement du Sud-Est au Nord-Ouest, et va se jeter, un peu au-dessous du pont du Haratch, dans le marécage Oued-el-Mar, près d'Ouelida, l'un des points le plus marécageux ou le plus malsain de la contrée. Elle est habitée par les El-Kaschèna (réunion de différentes tribus) et les Beni-Moussa.

Ouelida.

Le pays, au Nord du chemin de Matifoux, est plus élevé. C'est là qu'est bâtie la Maison-Carrée ou Burgh-Jahia. Il est maigre, sablonneux et couvert de broussailles peu élevées jusqu'au terroir des Meridjah ou plutôt des Rasouta. Sur ce plateau et aux environs de la Rasouta, on trouve des marécages assez étendus, mais qui paraissent peu profonds. Je serais bien étonné s'ils n'indiquaient des tourbières. L'espèce d'ébranlement qu'y produit la marche des hommes semble l'annoncer.

Burgh-Jahia, dit Maison-Carrée.

Rasouta.

Du Haratch à l'Oued-el-Kerma, le pays est bas et entièrement couvert de marécages: à peine si l'on trouve, en s'élevant vers les montagnes, quelques points cultivables.

De l'Oued-el-Kerma au Boufarick, le sol est tantôt sablonneux, et tantôt argileux et gras. Au Sud de cette route est un marais qui la longe jusqu'à hauteur de la ferme dite du Bey d'Oran. Au-delà de ce marais, le pays est propre aux céréales; cependant, au pied des montagnes des Beni-Msrah, on trouve des prairies basses et fangeuses, au milieu desquelles croissent quelques oliviers sauvages. Le pays s'élève en allant vers les Beni-

Oued-el-Kerma Boufarick.

Beni-Khalil. Khalil. Ces peuples ont su faire servir les eaux qui tombent des montagnes à des irrigations dirigées avec beaucoup d'intelligence.

Au Nord de cette même route, le pays est, en général, sablonneux et léger jusqu'au grand marais de Boufarick.

Blida. De cette rivière à Blida, le terrain est maigre et couvert de lauriers roses; cependant, autour de la ville, on voit quelques belles fermes et des jardins couverts d'orangers superbes. C'est là que croissent les meilleures oranges de la contrée. Ces avantages sont dus aux eaux de l'Oued-el-Kebir, que les habitans ont su détourner de leur lit et faire servir à la fertilité des champs.

Bassin de la Schiffa. Le terroir que parcourt la Schiffa, jusqu'à son confluent avec l'Ouedjer, est en général plus élevé, moins marécageux et plus propre à la culture des céréales. Cette partie de la plaine, où commence le Hadjoute, nous parut préférable aux autres parties que nous connaissions.

Maladies endémiques. Les avantages que peut offrir la Mitidjiah sont cruellement compensés par l'insalubrité de l'air qu'on y respire, et les maladies qui y sont endémiques.

Que la cause s'en trouve dans sa position encaissée entre des montagnes qui l'abritent des vents du Nord et la soumettent à des brouillards épais et fréquens, ou bien qu'elle soit due aux émanations méphitiques des marais et aux exhalaisons des eaux croupissantes, des végétaux et des animaux en putréfaction, l'effet n'en est pas moins funeste. A la fin de Juin, le séjour en est mortel, et elle ne redevient habitable qu'après les premières pluies.

Les indigènes en sont si convaincus, qu'après la récolte du blé, ils se hâtent d'abandonner des lieux si pernicieux, et vont chercher un abri sur les hauteurs.

On peut regarder comme règle générale que l'air est d'autant plus sain que le lieu où l'on se trouve est plus éloigné de la Mitidjiah.

Si la Mitidjiah fut cultivée par les Romains.

Tel est aujourd'hui l'état de cette longue vallée. Mais fut-elle jadis cultivée par les Romains? Jouissait-elle, sous leur domination, d'une fertilité remarquable?

Dans d'autres temps cette question serait oiseuse; car qu'importe son état ancien? c'est de l'état présent dont il est question. D'ailleurs, ne pourrait-il pas s'être opéré des changemens notables, soit en bien, soit en mal, dans la nature de son sol? Le Byzantium, jadis si fertile, n'est-il pas aujourd'hui au nombre des terres ordinaires? Plus près d'Alger, la contrée de Hamza, qui servit de retraite à Tac-Farinas, et qui, selon Tacite, était inaccessible à raison de ses épaisses forêts (*vastis circum saltibus claudebatur*), n'est-elle pas aujourd'hui nue et dépouillée de tout arbre?

Mais, dans le moment actuel, cette question

prend de l'importance par les inductions, propres à égarer l'opinion publique, qu'on veut tirer d'un état de choses supposé, que l'histoire et les monumens sont loin de confirmer.

Les Romains s'établirent tard dans la Mauritanie. Leurs principaux établissemens datent du règne des ANTONIN, des ALEXANDRE-SÉVÈRE et des GORDIENS. Ils affectionnèrent principalement les bords du Scheliff, et les ruines nombreuses qu'on y trouve attestent l'exactitude et la véracité des auteurs anciens. Encore aujourd'hui l'on peut, l'itinéraire d'ANTONIN et la géographie de PTOLOMÉE à la main, vérifier les distances et les calculs de ces auteurs.

Si la Mitidjiah eût été dans un état de culture prospère, comment ces auteurs l'eussent-ils passée sous silence? Comment n'y trouverait-on vestige d'aucun établissement?

ANTONIN donne deux itinéraires de Carthage à Césarée (Cherchel) et aux frontières de la Tingitane: l'un suit les bords de la mer, et l'autre, par l'intérieur des terres, passe par Cirta, Sitifi, Auzéa, Médéah, etc. S'il eût existé des établissemens dans la Mitidjiah, n'en ferait-il pas mention comme de Blida? Et sans établissemens, et sans chemins, peut-il exister de culture considérable? Ce n'est pas tout : SALLUSTE observe que la partie échue à JUGURTHA était plus peuplée et plus fertile que celle des autres fils de MICIPSA; or, cette partie était le pays près de la Tingitane, dont elle était séparée par la Malva (*a*). C'est aujourd'hui le pays d'Oran.

Le même auteur remarque que, dans son jeune âge, JUGURTHA aimait à faire la guerre aux bêtes féroces. De ces deux observations ne résulte-t-il pas clairement que le pays dont nous nous occupons était aussi peu cultivé qu'habité?

STRABON dit (*b*) (N° 26) que la Mauritanie de JUBA confinait près de Bugie, aux terres des Romains. Il ajoute *que les cantons les plus voisins de la Tingitane* (Tanger), *étaient d'un meilleur revenu et de plus de ressources*. Or, la Mitidjiah touche, en quelque sorte, à Bugie. N'est-il pas évident que le silence de cet auteur, ou plutôt que l'exception qu'il fait en faveur de quelques cantons occidentaux, exclut toute idée de fertilité particulière à cette vallée?

Ce ne fut qu'après la défaite de l'affranchi IDÉMÉON que l'armée romaine franchit l'Atlas et pénétra dans la Mauritanie; et l'histoire observe qu'elle s'égara dans des déserts arides, où elle manqua mourir de faim.

Enfin, au 6e siècle, PROCOPE, dans son histoire

(*a*) *In divisione quæ pars Numidiæ Mauritaniam adtingit agro, viris opulentior.* SALL., *Bell. jug. XVI.*

......*Pleraque tempora in venando agere, leonem atque alias feras primus aut in primis ferire*....... *Eod. loc. VI.*

(*b*) STRABON, liv. XVII.

de la guerre des Vandales, nous apprend que les Romains ne pouvaient communiquer avec Césarée, capitale de la 2e Mauritanie (aujourd'hui le terroir d'Alger), que par mer, parce que les Maures, possédant toute cette province, à l'exception de la capitale, occupaient le littoral (*a*).

De ce texte, on peut tirer l'induction que l'intérieur des terres était impraticable; car les mœurs et l'état connus de ces peuples excluent toute idée de culture étendue et de richesse (voy. le N° 27 *bis*), et par là s'explique l'indifférence des Vandales et de leurs vainqueurs pour la possession de la contrée qui nous occupe.

Sans doute on ne prétendra pas que cette vallée fut élevée, tout à coup et par enchantement, à un degré de culture remarquable, par les Arabes, ni par les Maures, pendant leur longue occupation des Espagnes.

Du silence et du témoignage des auteurs anciens, ainsi que de l'absence de monumens, on est fondé à dire que, sous les Romains, cette vallée n'était point cultivée; il est présumable qu'alors elle était sous les eaux et couverte de lacs semblables à celui qu'on voit encore aujourd'hui à hauteur de Kubber-Romea; qu'elle s'est exhaussée peu à peu et enrichie des dépouilles des hau-

---

(*a*) Procope, liv. II, chap. XX. *Proptered quod adjacentes oras obtinent Mauri.* Traduction latine du père Maltret. Imprimerie royale, 1662.

teurs dont elle est ceinte, comme on en voit un exemple sur la route de Blida, où une suite de ponts nombreux ont été recouverts par les terres que les pluies y ont charriées.

A ces témoignages positifs de l'histoire, que corroborent et les ruines des anciens établissemens et l'aspect des lieux, qu'oppose-t-on ?

Le dire de quelques écrivains espagnols de la fin du 16e siècle, qui se sont copiés les uns les autres, qui n'ont rien vu par eux-mêmes, qui n'ont pu écrire que sur des ouï-dire, et dont les ouvrages, pleins d'erreurs palpables, ne peuvent soutenir la moindre critique. Deux ou trois exemples suffiront pour prouver cette assertion.

Mariana, le plus judicieux de tous, faute d'avoir vu les lieux, ne suppose-t-il pas qu'Alger, à qui Vespasien accorda le droit de cité, est l'ancienne Iol ou Césarée, dont l'existence et la célébrité sont bien antérieures à l'occupation romaine (*a*)? Marmol (*b*) n'imagine-t-il pas une ville de Tignident, où il place le Kubber-Romea, dont il fait le tombeau de la fille du Comte Julien? Or, il n'existe aucune trace de cette prétendue ville, et le monument, sépulture des Rois Numides, est fort bien placé, par Pomponius-Mela, entre

---

(*a*) C'était la résidence de Syphax.

(*b*) Voyez, sur ces deux écrivains, le jugement qu'en portent les auteurs du nouveau dictionnaire historique, par une société de gens de lettres.

Césarée et Icosium. Enfin, l'auteur de l'histoire des Shériffs ne suppose-t-il pas Médéah à cinquante lieues d'Alger, tandis qu'elle n'en est qu'à vingt, et ne crée-t-il pas un royaume de Cusco à dix lieues de cette même ville d'Alger? Royaume inconnu au Maures, qui, sans doute, n'a jamais existé, et qui, dans aucun cas, ne pourrait avoir existé dans la position qu'on lui assigne.

Au reste, ces erreurs, toutes grandes qu'elles sont, étonneront peu si on fait attention à celles de BOUTIN et de SHALER sur El-Coleah et Blida, qui sont aux portes d'Alger (*a*).

C'est au lecteur à juger maintenant de quel côté se trouve la vérité; il a les pièces en main.

Chaîne du petit Atlas.

La chaîne de l'Atlas qui borne la Mitidjiah est encore moins connue que la vallée. Le petit nombre de points que nous avons eu occasion de parcourir, nus à la base, sont assez boisés vers les sommités. Le chêne liége y domine; on y trouve aussi des caroubiers et des micocouliers (*celtis australis*).

Ces montagnes, profondément déchirées comme les environs d'Alger, offrent des vallées étroites, mais fraîches et riantes. L'habitant loge sous de

(*a*) Mr BOUTIN avait été envoyé à Alger par NAPOLÉON pour reconnaître le pays, et SHALER y était Consul américain. Le dernier a écrit en 1826.

petites huttes couvertes de chaume, presque toujours blotties derrière des plis de terrain qui les dérobent à la vue; il cultive les céréales, principalement l'orge, un peu de lin, la vigne et les arbres fruitiers.

Voilà à quoi se réduisent nos connaissances statistiques sur l'Atlas et la Mitidjiah. Tout ce qu'on pourrait dire de plus ou de contraire serait au moins hasardé, car personne, jusqu'ici, n'a eu, comme moi (*a*), les moyens, l'opportunité des circonstances, et le temps nécessaire pour étudier le pays; et personne n'en a fait une étude plus consciencieuse, ni avec un esprit plus libre de tout intérêt et de tout préjugé.

Troubles à Medeah.

On s'était flatté que la punition des Beni-Salah exercerait une influence heureuse sur les tribus de Titeri dont ils sont voisins; on se trompa, et le Bey, qui avait partagé cet espoir, ne tarda pas à s'apercevoir combien il était vain.

On sait qu'au départ des troupes françaises de Médéah, le Bey y était resté seul pour y représenter la France; on sait aussi qu'après la prise de cette ville, le fils et toute la famille du Bey déchu furent conduits à Alger.

Le fils de l'ancien Bey en est le principal auteur.

Cette mesure était sage et politique; le caractère

(*a*) Un autre Général a eu les mêmes moyens, mais les autres conditions et le temps, sans lequel on ne fait rien, lui ont manqué.

de ce jeune homme, le rôle qu'il avait joué, l'influence que lui donnaient sa fortune, ses alliances, et le souvenir de la puissance de son père, le fesaient naturellement chef de parti, dans un pays où l'on compte beaucoup de Turcs et de Colourlis. Malgré ces considérations puissantes, il fut autorisé, au commencement de Février, à retourner à Médéah.

Ce qui devait arriver arriva; il intrigua, agita les tribus, troubla l'ordre public, et méconnut l'autorité du Bey; les choses allèrent si loin, qu'il s'opposa à l'exécution des ordres qu'avait reçus ce Gouverneur, et que, pour mettre sa vie en sûreté, celui-ci fut obligé de se renfermer chez lui, sous la garde de quelques habitans fidèles de Médéah (N° 28).

L'autorité réclame le secours de l'armée.

Dans cette triste situation, il réclamait le secours de l'armée, assurant qu'à la vue de nos baïonnettes, tout rentrerait dans l'ordre; et l'administration municipale exprimait les mêmes vœux et les mêmes espérances.

Le Général ne partageait pas cette opinion : bien convaincu que toute expédition sur un point éloigné est au moins inutile quand on ne peut s'y établir (*a*), il ne voyait aucun avantage réel

---

(*a*) Médéah ne pourrait être occupée efficacement, dans l'état actuel des choses, que par un corps d'environ deux mille hommes. Il faudrait l'approvisionner pour

dans celle-ci, et il y trouvait le grand inconvénient de fatiguer les troupes au milieu du mois de Juin, et d'en peupler les hôpitaux; cependant le désir (qu'il regardait comme un devoir) de porter secours à un homme au service de la France, fit cesser ses hésitations, et il se décida à marcher sur Médéah.

En conséquence, un corps d'environ quatre *Expédition sur Médéah.*

---

six mois, et la couvrir d'un bon ouvrage qui mît également l'aquéduc à l'abri de toute atteinte. Il faudrait encore, dans ce cas, un poste fixe sur le Tennia, et d'autres sur la Schiffa et le Boufarick; ce qui n'empêcherait pas les Arabes, quand la fantaisie leur en prendrait, d'intercepter les routes dans l'intervalle de ces postes.

Dans cette hypothèse, il serait nécessaire de jeter des ponts sur ces rivières, et d'ouvrir une grande route à travers l'Atlas. Retirerait-on des avantages proportionnés à toutes ces dépenses? Il est permis d'en douter. Le terroir de Médéah paraît peu fertile, et l'hiver y est rigoureux. Le commerce avec le Sahâa, ou le grand désert, pourrait bien n'être pas aussi riche ni aussi lucratif qu'on le croit. Ce qu'il y a de sûr, c'est qu'un seul Juif, à Médéah, s'en occupe: il se rend tous les ans, avec deux ou trois mulets chargés de grains, sur les bords du Sahâa, et les y échange contre des plumes d'autruche, des peaux de lion et de tigre, et quelquefois contre un peu de poudre d'or. N'est-il pas vraisemblable que, s'il fesait de gros profits, il donnerait plus d'extension à son commerce, et surtout qu'il aurait des concurrens?

mille cinq cents hommes, muni d'une batterie de montagne, partit d'Alger le 25 Juin. Il était pourvu de vivres pour huit jours et d'une réserve de soixante-dix mille cartouches.

Au nombre de ces troupes figuraient deux cents Parisiens. A cette époque ils étaient encore nus. Les troupes régulières ne voulaient point communiquer avec eux; leur contact paraissait dangereux aux chefs. Pour rehausser leur moral et les réhabiliter, en quelque sorte, le Général les associa à cette expédition. On en choisit environ deux cents qui, réunis à autant de Zouaves, formèrent un bataillon dont le commandement fut confié au brave Duvivier. On verra qu'ils se montrèrent dignes de cette distinction.

La sortie de cette division fut signalée aux tribus par des feux qui s'étendaient jusqu'au mont Chenoua (*a*) : c'est le télégraphe de ces peuples.

La ferme de Musoïa, au pied des Sommata, avait été détruite; cependant il restait encore debout quelques pans de mur, et l'on s'en servit pour y déposer les malades déjà nombreux. Les chaleurs étaient si fortes, qu'un soldat fut frappé de mort d'un coup de soleil, le 26. On y déposa aussi une réserve de vivres et de munitions. Un

(*a*) C'est la montagne au pied de laquelle est bâtie Cherchel, l'ancien Jol, Cæsarea, ville Numide, capitale du Roi Juba.

bataillon y fut laissé, tant pour veiller à leur garde que pour assurer les derrières de la division expéditionnaire. Un autre bataillon, et dans le même but, fut laissé sur le col de Tennia. Le reste poursuivit sa marche sur Médéah. Les Turcs et les Colourlis avaient abandonné la ville. Sous ses murs nous trouvâmes un corps de trois cents cavaliers. Le 17e de chasseurs le chargea et le poursuivit jusqu'au ravin, sur la route de Hassem-Beni-Ali, où il eut un chasseur de tué (c'est aussi la route de Médéah à Constantine).

Avant-garde ennemie.

En Europe, ce corps armé eût été l'indice de l'approche de l'ennemi et comme son avant-garde. Dans ce pays, on n'en peut tirer aucune induction. Souvent les plus braves de diverses tribus se réunissent sous un chef qu'ils se donnent, et vont pillant amis et ennemis. Dans les mœurs de ces peuples, c'est loin d'être un déshonneur; ils en tirent, au contraire, vanité (*a*). La bravoure n'est-elle pas la première des vertus ?

Dans cette occasion, cependant, c'était l'avant-garde d'une réunion de tribus assez considérable. Elle s'était faite à l'insu du Bey. L'espèce de captivité où il avait vécu, et la difficulté de savoir ce qui se passe dans l'intérieur des terres, rend cette ignorance fort excusable. Des bruits pour-

(*a*) Cet usage immémorial rappelle et explique les bandes de DAVID.

tant en circulaient parmi le peuple, et l'on y annonçait l'arrivée d'une armée avec du canon; mais on les méprisa comme des vanteries fort ordinaires aux Arabes.

Combat sur le plateau d'Ouhara contre dix tribus.

Les tribus de Titeri n'ayant pas obéi aux ordres qui leur avaient été donnés, il fut résolu de punir les plus voisines et les plus hostiles : c'étaient celles de Riéra et d'Ouhara.

Le 1er Juillet, à la pointe du jour, six bataillons marchèrent contr'elles. Le bataillon du 30e resta sur l'Oued-el-Saffah, qui sépare leur terroir de celui de Médéah. Le reste des troupes enveloppa leurs montagnes.

Le 28e et l'Artillerie, sous les ordres du Colonel Mounier, suivirent le chemin de droite : c'est le moins difficile; le 20e marcha par la gauche, et le bataillon d'élite, conduit par le Général Buchet, se dirigea par le centre.

La droite ne tarda pas à être aux prises avec les montagnards, qui furent successivement chassés de leurs positions. Les Parisiens s'élancèrent avec beaucoup d'audace à leur poursuite; mais, emportés par leur ardeur, ils s'étaient engagés trop loin; il fallut aller à leur secours : ils perdirent quelques hommes.

Pendant ces entrefaites, la gauche et le centre se réunissaient sur le plateau d'Ouhara (*a*); elles

---

(*a*) Ce plateau est à environ quatre heures de marche en avant de Médéah, et au Sud de cette ville.

y trouvèrent, sous la conduite des Turcs de Médéah, dix tribus, dont cinq habitaient à des distances éloignées ; malgré qu'on ne se fût pas attendu à cette rencontre, on n'hésita pas à les attaquer. Poussées jusqu'à l'extrémité du plateau, elles firent ferme.

Le Général en Chef avait fait venir de la droite une pièce d'artillerie et les chasseurs Algériens. A la faveur des plis du terrain, le Commandant Marey put assez approcher l'ennemi pour exécuter une charge ; elle réussit complètement. Les Arabes furent précipités dans les ravins, et pas un Algérien, à commencer par le Chef, ne revint sans avoir son sabre teint du sang ennemi.

Plusieurs fois celui-ci tenta de reprendre ses positions, mais ce fut toujours en vain.

Rendus plus timides par les pertes qu'ils éprouvaient et l'inutilité de leurs tentatives, les Arabes se bornèrent à entretenir une assez vive fusillade. Mais présumant que notre retour à Médéah s'effectuerait par la route que nous avions suivie, ils se disposèrent à prendre, sur les hauteurs et dans les bois, des positions avantageuses.

Pour faire échouer ce dessein, le Général en Chef ordonna au 20e de marcher sur la route de Hassem-Beni-Ali, afin de menacer leur retraite.

Ce mouvement eut l'effet qu'il en attendait, et j'observe ici, pour l'instruction de ceux qui auraient à combattre ces peuplades, qu'il réussira toujours. Ils se retirèrent précipitamment sur des hauteurs éloignées. Alors nous fîmes tranquillement notre mouvement par le chemin d'Ouhara, qui est large et permet de marcher par échelons.

Notre droite, moins favorisée des localités, eut son arrière-garde plus inquiétée; mais elle fit tant de mal à l'ennemi, qu'il n'osa pas la suivre jusqu'au ruisseau qui est au pied de la montagne, quoiqu'il ne fût que quatre heures du soir.

Nous y prîmes position, et nous ne rentrâmes dans nos camps qu'après la disparition de tous les montagnards.

Cette affaire, où les troupes montrèrent une vigueur et une assurance très-remarquables, ne nous coûta qu'une quinzaine de morts et quarante-six blessés, dont neuf grièvement.

Les Arabes perdirent beaucoup de monde; si on en croit leurs rapports, ils eurent plus de six cents hommes hors de combat.

Parmi les morts se trouvaient quelques Turcs influens de Médéah; et, dans cette ville, la consternation était sur toutes les figures de leurs parens ou de leurs amis.

Les cinq tribus venues de l'intérieur des terres se trouvèrent si bien battues, qu'elles retournèrent chez elles le lendemain.

Ces montagnes sont pleines de bancs de coquillages.

Les montagnes de Riéra et d'Ouhara seraient intéressantes à explorer, sous le rapport géologique et archéologique. En les traversant, nous eûmes occasion de reconnaître divers bancs de coquillages et d'huîtres. Il est curieux de voir que POMPONIUS-MELA fait la même observation, mais sous la forme du doute (*si fidem res capit*). Sur le plateau d'Ouhara, nous vîmes les restes de deux tours romaines, dont la première assise, en pierres de taille, est parfaitement conservée ; elles sont jointes par une large chaussée construite en grosses pierres plates : ce qui est d'autant plus remarquable, que nous n'aperçûmes pas de carrière dans le voisinage. L'une de ces tours servit à Mr FILHON, Chef de bataillon des topographes, à faire, pendant que nous combattions, quelques opérations géodésiques.

Deux tours romaines sur le plateau d'Ouhara.

Les tribus de Riéra et d'Ouhara avaient été punies, leurs moissons et leurs huttes incendiées, et leurs auxiliaires battus et dispersés. Il eût été désirable que cette division pût rester quinze jours à Médéah ; elle eût pu, dans cet intervalle, sinon réduire à l'obéissance les diverses tribus de Titeri, au moins les châtier alternativement et les rendre plus circonspectes pour l'avenir. Mais les vivres et les munitions lui fesaient un devoir de retourner à Alger ; et, plus que cela, le besoin de prévenir toute irruption de la part de BENZAMOUN et des tribus de l'Est.

La journée du 2 fut employée à préparer les moyens d'évacuation de nos malades, à distribuer

Retour à Alger.

des vivres aux troupes, et des cartouches à celles qui avaient combattu la veille.

Quoique l'ennemi n'eût pas paru dans la matinée, il aurait fallu méconnaître le caractère de ces peuples, pour penser que les Turcs et les Colourlis, qui étaient bien instruits de nos préparatifs de départ, ne viendraient point inquiéter notre arrière-garde. En effet, dans l'après-midi, quelques groupes se montrèrent sur la route du col; un bataillon occupa d'avance le mont d'Achla, et, à cinq heures du soir, la division se mit en marche.

Les Turcs et les Colourlis suivent notre arrière-garde.

Cette heure avait été choisie, tant pour rendre plus court un combat inutile, que pour soustraire aux ardeurs du soleil les blessés, dont neuf étaient portés à bras.

Le 17e de chasseurs et les Algériens firent l'arrière-garde; ils y trouvèrent l'occasion de faire quelques charges heureuses.

Marche de nuit.

La division arriva aux oliviers (Geboujea) à huit heures, et elle ne devait en repartir qu'à deux heures du matin; mais un nouvel ordre la mit en marche à onze heures de la nuit. Divers avis, de la certitude desquels on ne pouvait guère douter, firent connaître que les Turcs et diverses tribus réunies aux Musoïa et aux Sommata, devaient, pendant la nuit, occuper le long défilé (a) qui mène au col de Tennia, et nous livrer, à l'abri des arbres, des ravins et des rochers, un combat meurtrier sans danger pour eux. La célérité pouvait seule prévenir et faire avorter ce dessein.

A l'entrée du défilé, nous trouvâmes déjà quelques hommes embusqués ; ils nous tuèrent un homme et en blessèrent deux ; en même temps, des cris répétés sur toutes les montagnes indiquèrent notre mouvement.

Il fut prescrit de ne point riposter, et cet ordre, exécuté ponctuellement jusqu'à la gauche, rendit presque sans effet les coups de fusils que ces hommes tirèrent sur nous toute la nuit. A peine eûmes-nous cinq ou six hommes de blessés ; et nos équipages et nos malades arrivèrent sans malencontre sur le col. Après y avoir été pansés, ils furent dirigés, avec la cavalerie, sur la ferme de l'Aga. Le bataillon d'avant-garde avait pris position entre cette ferme et le col, afin d'être en état de les protéger au besoin ; mais la précaution fut inutile.

Longue halte sur le Tennia.

Quelques Sommata se montraient sur les hauteurs et nous tiraient des coups de fusils ; une compagnie les éloigna.

Dispositions de retraite.

Quatre compagnies du bataillon qui était resté sur le Tennia occupèrent les sommités de l'Est,

---

(a) Il dure trois grandes heures.

par où nous aurions pu être inquiétés par les Musoïa; elles furent chargées de flanquer, en la prolongeant, la marche de la colonne : le reste de ce bataillon fut chargé de couvrir la retraite.

Désordre dans la compagnie d'arrière-garde.

Ces dispositions prises, le mouvement commença; il s'exécutait successivement et avec calme, lorsque, arrivées près des eaux noires (comme on les a surnommées), à une lieue environ du col, les troupes accélérèrent leur marche sans qu'on pût en comprendre la cause. Bientôt les rangs se confondirent, et il y régna un grand désordre; heureusement il ne fut pas long. Dès que l'Artillerie, aux ordres du Commandant CAMAIN, put s'établir et jouer, ses effets furent aussi prompts sur l'ennemi que sur le moral de nos soldats. Un mouvement offensif, dirigé par le Général BUCHET, éloigna l'ennemi et le chassa de quelques positions trop précipitamment abandonnées.

Il se communique aux autres troupes.

Mouvement offensif.

Il est hors de doute que, s'il eût fallu remarcher sur le col, on l'eût fait avec succès. Mais tout mouvement offensif avait l'inconvénient de prolonger, sans utilité, la position désavantageuse où nous nous trouvions, et nous continuâmes notre retraite sans que l'ennemi osât nous suivre.

Cause du désordre.

Une compagnie de grenadiers fesait l'arrière-garde; pendant qu'elle descendait la hauteur à pic du Tennia, les Sommata se précipitèrent sur les hommes de la gauche; il n'y avait qu'à faire volte-face et se servir de la baïonnette pour les punir de leur témérité; mais le Capitaine avait été tué (*a*), et, au lieu d'user de ce moyen si simple, la compagnie accéléra son mouvement; de proche en proche, il se communiqua à toute la colonne, et occasiona le désordre dont j'ai parlé.

A l'armée, il est rare que les *paniques* soient causées par la présence du danger, quelque grand qu'il soit. C'est toujours celui qu'on ne voit pas, mais que grossit l'imagination, qui en est la source.

En débouchant dans la plaine, nous la trouvâmes couverte d'une nombreuse cavalerie; le jeune officier qui vint en prévenir le Général en Chef, lui dit avec émotion : *il y en a des myriades.* Ils étaient beaucoup effectivement, et appartenaient à trente tribus différentes. *Rencontre inattendue.*

Quoique nous fussions loin de nous attendre à de telles hostilités, les troupes n'en éprouvèrent aucune inquiétude. Nous arrivions dans la plaine; nous pouvions manœuvrer, et nous avions de plus, à la ferme de l'Aga, une bonne réserve; dès-lors, tous les avantages repassaient de notre côté.

Nous prîmes position à neuf heures du matin. Après s'être reposées jusqu'à six heures du soir, et avoir reçu des vivres et des munitions, les troupes, formées en colonne double, se remirent en marche. *Position à la ferme de l'Aga.*

Elles traversèrent, dans cet ordre et sans être inquiétées sur leur front ni sur leurs flancs, la vaste *Retraite.*

(*a*) Mr Dupuis, Capitaine de grenadiers au 20e de ligne.

plaine qui conduit au gué de la Schiffa, sur la route d'Oran; mais, selon leur coutume, les Arabes attaquèrent notre arrière-garde; ils tentèrent même quelques charges contr'elle (*a*).

Le Général FEUCHÈRES les reçut et leur fit éprouver des pertes considérables. Ils ont avoué cent cinquante morts; la seule tribu de Boulah-Ouel perdit quatre-vingt-dix hommes.

Le lendemain, quelques tirailleurs se montrèrent, mais en petit nombre et de loin, vers Boufarick. Ils se tinrent toujours hors de la portée du canon, et sans oser approcher du ruisseau près duquel nous fîmes une halte de cinq à six heures.

Ces différens combats, depuis notre départ de Médéah, nous coûtèrent quarante morts et cent quarante-six blessés, en tout cinquante-cinq morts et cent quatre-vingt-douze blessés.

Voilà le récit exact, et sans réticence, des événemens de Médéah, que, *dans des vues peu honorables*, certaines personnes ont représentés comme un désastre.

Pour rétablir les faits, le Général publia l'ordre du jour qu'on peut lire aux pièces justificatives (N° 29). L'état des pertes par corps y fut consigné, afin que chacun pût en vérifier l'exactitude.

(*a*) Le Colonel du Génie LEMERCIER, et le Capitaine St-HIPPOLYTE, Aide de camp du Général en Chef, eurent leurs chevaux blessés.

Ici se présente un rapprochement que je dois signaler, car il est un des caractères de notre époque.

Rapprochement curieux.

Au mois de Novembre 1830, pendant l'expédition de Médéah, cinquante-deux artilleurs et cent chevaux sont envoyés à Alger sans escorte.

Les hommes sont massacrés et les chevaux pris. La presse se tut, et fit prudemment.

Sept mois plus tard, cinquante-cinq hommes (*a*), sur près de cinq mille combattans, sont tués dans trois combats, honorables au moins pour le soldat. Oubliant convenance, critique, équité, la presse se fait l'auxiliaire du mensonge et le coryphée de la calomnie. Voilà la justice des partis.

La division rentra à Alger le 5 Juillet, après dix jours d'absence, sans que l'ennemi osât dépasser le Boufarick (huit ou dix lieues d'Alger).

Irruption des Arabes dans la plaine de la Mitidjiah.

Nous ne devions pas y jouir d'un long repos. Vers le 10, le bruit courut que le fameux BENZAMOUN (*b*), avec les bandes de l'Est, et EL-BOG-

---

(*a*) Sur ces 55 morts, 6 appartiennent à d'autres causes. Le 26, un homme fut tué d'un coup de soleil; le 27, un Parisien se suicida, un chasseur du 17e fut tué d'un coup de pied de cheval, et deux malades moururent à l'ambulance; et le 29, un chasseur fut tué en poursuivant un corps d'Arabes.

(*b*) BENZAMOUN commande les tribus qui occupent les montagnes de Flissah et les bords du Bouberach. Presque toujours il était en révolte ouverte contre le Dey.

DADI, avec celles de l'Ouest, marchaient contre Alger. Les rapports faits à l'autorité, et les avis du commerce étaient unanimes à cet égard (*a*). On savait, de plus, que des *Marabets* étaient à la tête de ces bandes, et que, dans toutes les tribus, on prêchait la guerre contre les infidèles. MAHOMET avait apparu et annoncé la fin du règne des Français. Cent houris étaient promises à celui qui succomberait dans cette lutte, et mille à celui qui tuerait un chrétien.

Pour compliquer cette situation, un certain SIDI-SADI, petit-fils d'un *Marabet* en grande vénération chez les Ouétanes, était venu de Livourne, où habitait le Dey, pour les exciter à la révolte.

Nomination d'un Aga maure.

On essaya de combattre le fanatisme avec ses propres armes. La place d'Aga fut donnée à un *Marabet* (*b*) qui, par sa naissance, son caractère saint et ses alliances puissantes, surtout avec SIDI-ZÉID (*c*), dont la sainteté est bien reconnue,

(*a*) Mr LACROUTZ, négociant à Alger, donna, à cette époque, des avis utiles.

(*b*) Cet Aga se nomme SIDI-HADGI-MÆÏDIN-BEN-SIDI-ALI-BEN-BAAS; il est de Coleah; il hésita long-temps à accepter. Un Maure d'Alger, qui nous fut toujours dévoué, AHMID-BONDERBA, contribua puissamment à le décider. (Arrêté du 24 Juillet).

(*c*) SIDI-ZÉID, vénérable *Marabet* de la grande mosquée de Guercmaï, est un saint vivant sur le passage duquel se prosternent tous les Arabes. (Voyez la fin du 1er chapitre de la 1re partie.)

devait exercer une grande influence sur l'esprit des tribus. Ces espérances se réalisèrent. Le zèle de beaucoup d'entr'elles fut attiédi, et quelques-unes même refusèrent de marcher.

Benzamoun s'avance à l'Est, et El-Bogdadi à l'Ouest.

En attendant, Benzamoun avait passé le Hamise le 15, et El-Bogdadi se réunissait sur l'Ouedjer et le Boufarick. On évaluait leurs forces très-haut: les plus modérés dans leurs calculs les portaient à plus de quarante mille hommes. Quoiqu'on ne doutât pas qu'il n'y eût exagération dans ces dire, on ne pouvait se dissimuler que le rassemblement ne fût considérable.

Il y avait deux partis à prendre : ou marcher à la rencontre de l'un d'eux, et, après l'avoir battu, revenir sur l'autre; ou choisir une position centrale qui permît de tomber à volonté sur l'un ou sur l'autre, selon l'opportunité des circonstances.

Dispositions pour les combattre.

Le premier parti offrait beaucoup d'inconvéniens : il nous éloignait de nos magasins et découvrait Alger; il était probable que, selon sa coutume, l'ennemi se retirerait quand nous l'attaquerions, et nous suivrait pendant notre retraite. Ce jeu de barres ne nous convenait pas. Nous savions combien les chaleurs nous mettaient d'hommes hors de combat, et nous devions veiller avec soin à la santé de ceux qui nous restaient; car nous ne pouvions pas disposer de plus de quatre mille ou quatre mille cinq cents hommes.

Le second parti, au contraire, offrait l'avantage de couvrir la place et les forts, et de tenir les hommes dispos et tranquilles jusqu'au moment de l'action. Il fut choisi.

En attendant, et pour être à même de bien recevoir l'ennemi, les postes de la Maison-Carrée et de la Ferme-Modèle furent renforcés, munis de canons et couverts d'ouvrages de campagne.

Benzamoun campe sur le Haratch ; il est battu.

Le 17, BENZAMOUN vint planter ses tentes, sous la protection du *Marabet* SIDI-JEDEZIN (*a*), sur la rive droite du Haratch. Vers midi, il fit attaquer, par environ trois mille hommes, la Ferme-Modèle, que défendait le 30e de ligne.

Dans la confiance où ils étaient de l'enlever, les Arabes s'y portèrent avec beaucoup de résolution, et vinrent se faire tuer bravement au pied de ses murs. L'engagement était vif ; la brigade FEUCHÈRES fut dirigée au secours de la Ferme, et, à son approche, l'ennemi se retira.

Arrivée du Prince de Joinville.

Ce soir-là même, le vaisseau qui portait le Prince DE JOINVILLE mouilla sur la rade d'Alger. Le Prince devait débarquer le 18 au matin ; mais l'ennemi ayant renouvelé son attaque dès le point du jour, le Général le fit prier de différer son débarquement, et il marcha à l'ennemi. Il se dirigea par Amma et la route du centre, qu'on ap-

---

(*a*) Ce *Marabet* est situé au bord de marais sur lesquels on trouve deux ponts de pierre.

pelle de Constantine, et qui conduit à un gué du Haratch.

Ce mouvement dégagea la Ferme. BENZAMOUN concentra ses forces et marcha contre nous ; mais cette attitude menaçante fut de courte durée, et il ne défendit que faiblement les bords escarpés et marécageux de la rivière. Menacé, sur son front et sa droite, par les troupes venues d'Alger, et sur sa gauche par celles sorties de la Ferme, que menait le Colonel D'ARLANGE, l'ennemi plia ses tentes et précipita sa retraite. L'infanterie s'arrêta dans son camp, et la cavalerie le poursuivit l'espace de deux lieues. Il n'a plus reparu depuis.

Dans ces deux jours, les Arabes perdirent trois ou quatre cents hommes, dont cent de tués ; nous aurions pu faire une vingtaine de prisonniers, mais le soldat était trop animé pour entendre la voix de la pitié. Nous n'eûmes que trente blessés et huit morts.

Les bandes de l'Ouest arrivent et campent derrière les marais et le bois de Gebougea-el-Azara.

Pendant que BENZAMOUN fuyait, l'avant-garde des bandes de l'Ouest, conduites par le fils de l'ex-Bey de Titeri, arrivait près de l'Oued-el-Kerma. Elle tirailla contre le blockhaus destiné à défendre ce défilé, et se porta en embuscade sur la route de la Ferme à Alger.

L'Artillerie, conduite par le Colonel ADMIRAULT, fut assaillie, à dix heures du soir, par une vive fusillade qui tua deux hommes et blessa le cheval du Colonel. Sa présence, son sang-froid et la sagesse de ses dispositions prévinrent tout désordre, mais les ambulances qui marchaient à sa suite, effrayées de cette attaque inopinée, s'enfuirent vers la ferme. Un officier (*a*) abandonna son poste, et, de cette sorte, la gauche du convoi se trouva découverte. Le Colonel ADMIRAULT sut parer à ce nouvel incident, et le convoi rentra sain et sauf à Alger.

Débarquement du Prince.

Ses occupations.

Le Prince débarqua le 19; il fut reçu à la Marine par l'État-Major de l'armée. Il employa la journée à visiter la Cassaubah, le fort de l'Empereur et les établissemens publics. Le 20, il assista à la revue des troupes; leur belle tenue le frappa; ensuite il se rembarqua et partit pour Mahon. Son séjour fut marqué par des actes de bonté et de bienfaisance.

Ses actes de bienfaisance.

Nos blessés furent l'objet de son premier intérêt, et il leur fit distribuer une somme de 600 fr.

Une famille respectable de l'Artois était venue à Alger pour y faire des entreprises agricoles. Le climat exerça sur elle une funeste influence. Sur cinq membres, trois étaient déjà morts, et un quatrième était gravement malade; sa femme, uniquement occupée des soins touchans que réclamait

---

(*a*) Cet officier fut chassé par ses camarades; il avait été fait officier pour s'être distingué aux journées de Juillet. Tant est vrai le proverbe qu'on n'est pas brave tous les jours.

son état, se voyait sans ressources et aux prises avec la misère; le Prince en fut instruit, et, pour faire cesser cette triste situation, il chargea le Général en Chef de lui remettre 150 fr. (*a*).

Je reprends le récit des opérations militaires.

On avait pensé que les pertes éprouvées par Benzamoun et sa fuite amèneraient la retraite des bandes de l'Ouest (*b*). On se trompa. Fortes de leur nombre (environ dix mille hommes), et animées par Sidi-Sadi, qui leur amena un renfort de Zétonniens, elles continuèrent à se réunir, et, le 20, elles établirent leur camp sur la rive droite de l'Oued-el-Kerma, à l'abri du marais et des broussailles élevées de Geboujea-el-Azara.

Instruits de l'inutilité des attaques de Benzamoun contre la Ferme-Modèle, et des pertes qu'il y avait éprouvées, les Arabes ne les renouvelèrent pas; mais ils interceptèrent les communications de la Ferme avec Alger et avec le blockhaus. Ils essayèrent même de s'emparer de ce dernier. Dans cette tentative, sept Arabes furent tués sur les palissades. Un *Marabet*, marchant avec des béquilles, les conduisait, et il fut assez heureux pour n'être point atteint.

(*a*) Le Général B. le nomma, peu après, Lieutenant de douanes.

(*b*) Ces bandes envoyèrent un habit de femme à Benzamoun; depuis cette époque, il a perdu toute son influence.

Elles sont battues et dispersées.

Le 21, le Général FEUCHÈRES alla coucher près de la Ferme; il eut à combattre un gros parti de troupes qui occupait une position avantageuse sur la rive gauche de l'Oued-el-Kèrma; il le rejeta sur la rive droite de ce ruisseau, et prit position en face de l'ennemi.

Le Général en Chef, parti d'Alger à trois heures du matin, le rejoignit à six heures avec quatre bataillons.

Arrivée sur les hauteurs de la Ferme, l'Artillerie se mit en batterie, et les troupes marchèrent sur la route de Blida, où l'ennemi était réuni en grand nombre. Ce mouvement déblaya les hauteurs de la rive droite; mais, pour se retirer, ces troupes durent défiler, pendant plus de demi-heure, sous le feu roulant des tirailleurs du 20e, qui, blottis derrière les broussailles, tiraient à coup sûr et sans danger.

La déroute de l'ennemi fut complète; nous le poursuivîmes sans pouvoir le joindre; il s'enfuit dans toutes les directions.

L'infanterie s'arrêta à Byr-Touta (*a*), et la cavalerie se porta jusqu'à Byr-Sidi-Haïd, près de Boufarick.

(*a*) Byr-Touta, puits des mûriers; aujourd'hui il n'y a que des figuiers. Si les localités nous eussent été mieux connues, nous aurions pu facilement nous porter de Byr-Cadem sur ce point, et tomber ainsi sur les derrières de l'ennemi.

Dans ces divers combats, l'ennemi souffrit beaucoup. On ne peut pas porter à moins de deux cents le nombre de ses morts, et de six cents celui de ses blessés. Pendant plusieurs jours, les jardins de Blida en furent encombrés. Nos pertes se montèrent à cent vingt-quatre blessés et vingt-huit morts.

Je ne puis m'empêcher de placer ici une courte observation. Les hommes qui, quinze jours auparavant, et lorsque l'ennemi était resté à dix lieues d'Alger, avaient affecté tant d'alarmes, se montrèrent fort tranquilles lorsqu'il attaquait nos postes. Là il était difficile de dénaturer les faits. C'est à Paris qu'on se chargea de ce soin.

Maladies.

Un ennemi bien plus dangereux et moins facile à vaincre était les maladies nombreuses et graves qui nous affligeaient. Elles ruinaient l'armée. La Ferme-Modèle fournissait le plus grand nombre de ces malades. Il suffisait d'y passer quelques jours pour être atteint de la fièvre ou en emporter le germe.

Deux mosquées, la caserne Bab-el-Oued et les agrandissemens de l'hôpital de la Salpêtrière, ne suffirent pas pour recevoir tous ceux qui en étaient atteints; il fallut encore créer des infirmeries régimentaires dans chaque corps. Ce n'est qu'au mois d'Octobre que ce fléau diminua.

Une observation importante que les Turcs avaient faite avant nous, c'est que, sur les hauteurs à l'Ouest d'Alger, et particulièrement sur le Boujaréah, il n'y a presque jamais de maladies; le bataillon qui occupait ce point ne compta que deux malades. Cette découverte avait fait naître l'idée d'y former un grand établissement de convalescence.

État de paix à la fin de Décembre.

Depuis le mois de Juillet, époque de nos derniers succès contre les Arabes, jusqu'à la fin de Décembre, pas un ennemi ne parut à nos avant-postes. Les marchés furent abondamment pourvus, et l'affluence des Arabes devint extraordinaire.

Les Maures, émigrés au moment de la conquête, rentraient dans leurs foyers; les tribus de Staoueli y avaient replanté leurs tentes, et celles des montagnes avaient repris leurs travaux ordinaires; les routes étaient sûres, et les Maures, habitans de la campagne, aidés de quelques gendarmes, fesaient, pendant la nuit, des patrouilles pour prévenir les désordres. L'esprit hostile des Arabes avait cessé; ils nous ramenaient nos soldats égarés et nous restituaient les vols qui se fesaient quelquefois autour d'Alger. Aussi la sécurité était-elle entière, et les Européens se livraient-ils avec confiance aux travaux agricoles.

Rien ne paraissait menacer cet ordre de choses satisfaisant. A l'Ouest, l'influence de l'Aga, qui avait beaucoup contribué à ces heureux résultats, s'affermissait journellement, et devenait, pour la tranquillité du pays, un gage de durée.

Des négociations avec quelques tribus de l'Est

avaient été ouvertes, dans le dessein de prévenir les entreprises de BENZAMOUN, et tout en fesait espérer une heureuse issue. On ignore si elles ont été continuées (*a*).

Telle était la situation de notre établissement, lorsque M[r] le Duc DE ROVIGO en est venu prendre le commandement.

Une ordonnance du Roi, du mois de Décembre, a divisé l'autorité qui, jusqu'ici, avait résidé en entier dans les mains du Général en Chef. Le temps seul pourra faire connaître si cette idée est heureuse, ou plutôt si la pondération des pouvoirs y a été faite de manière à éviter des froissemens toujours nuisibles au bien public.

(*a*) J'ai su, l'hiver dernier, que M[r] DE ROVIGO avait voulu les renouer par l'intermédiaire du Commandant MAREY; mais BEN-ISSA refusa de traiter avec lui.

CHAPITRE V.

Bone.

Personne n'ignore que la France possède, depuis plusieurs siècles, des établissemens sur la côte de Barbarie, et qu'en vertu de traités avec la Régence, la pêche du corail et le commerce connu sous le nom de *concessions d'Afrique*, nous appartenaient à l'exclusion des autres nations.

Cette pêche se fait en deux saisons : celle d'été et celle d'hiver. La première commence au mois d'Avril et finit en Septembre. La seconde lui succède, et les droits de licence ne sont que la moitié de ceux de la pêche d'été.

En 1831, cette industrie, encouragée par l'administration d'Alger, a reçu un grand développement. Les côtes de l'Ouest ont été explorées par ses soins, et les corailleurs peuvent s'y rendre aujourd'hui avec certitude de succès. Malheureusement les Français abandonnent aux étrangers cette branche d'un commerce lucratif; sur cent soixante-dix balancelles qui y ont été employées en 1831, on n'en comptait que deux françaises.

Bone. Bone (*a*) (Beled-el-Anap, pays des jujubes),

(*a*) Elle est à demi-lieue de l'ancienne Hippone (*Hippo Regius*), illustrée par St.-Augustin. On en voit encore les ruines.

qui était le siége de notre commerce, est baignée par la mer à l'Est et au Nord-Est. Ses abords sont difficiles, et un débarquement, sous les feux de la place et de la citadelle (Cassaubah), ne s'y opèrerait point sans éprouver de grands obstacles; mais cette opération n'offrirait aucune difficulté dans l'anse des Caroubiers (Mers-el-Berber), à quatre mille mètres au Nord de la ville. Ce point serait d'autant plus avantageux, qu'il offre de la bonne eau en abondance, et qu'on arriverait sur la Cassaubah par les hauteurs qui la dominent; on pourrait aussi faire une démonstration dans l'anse des Jujubiers, à trois cents mètres au Nord-Est de la Cassaubah; le mouillage y est bon et à l'abri des feux de la place.

Ses environs.

Au Sud de Bone sont de vastes jardins complantés de jujubiers; ils s'étendent jusqu'à un lac (*a*) que traversent les deux petites rivières Oued-el-Daab et Oued-el-Boujimah, avant de se jeter dans la Seïbouse; le marécage que forme ce lac rend l'air peu sain, et cause tous les ans des maladies dangereuses.

La Seïbouse, qui décharge ses eaux dans la baie de Bone, est une rivière navigable à son embouchure.

A l'Ouest, s'étend une plaine dont on découvre

(*a*) On croit que c'est l'ancien port d'Hippone, et qu'il a été comblé par des alluvions.

le canal de communication avec une autre plaine plus étendue qu'on aperçoit au loin. Au dire de personnes dignes de confiance qui ont habité Bone, le territoire de cette ville, comme celui de Stora, est d'une fertilité extraordinaire et bien supérieure à celle que nous offrent les environs d'Alger.

SHAW, qui paraît avoir étudié ce pays avec soin, pense qu'il serait facile de faire de Bone une ville opulente.

Les hauteurs qui bordent cette vallée de communication se lient avec d'autres plus rapprochées de Bone, au Nord, et se rattachent à celles de la Cassaubah. Le mont Idouf les domine.

Population.

La population de Bone n'est que de deux à trois mille âmes. La ville manque d'eau. Un aquéduc l'y conduisait des montagnes voisines, mais les Arabes le détruisirent en 1830, lorsque l'armée française en prit possession.

Fortifications.

Cette ville est environnée de murs flanqués de tours de distance en distance. Leur hauteur est variable de sept à dix mètres, et son armement se compose d'une artillerie assez nombreuse, mais mal montée et plus mal servie.

Bone manque de casernes; quelques grandes maisons qu'elle renferme peuvent servir au logement des troupes. Elles contiendraient environ quinze cents hommes.

Cassaubah ou Casbah.

Au Nord, à environ quatre cents mètres de la ville, et sur le point culminant des hauteurs qui y touchent, s'élève la Cassaubah. C'est un fort assez considérable pour le pays, et l'objet d'une vénération superstitieuse de la part des habitans. Ses murs ont une hauteur moyenne de neuf mètres, et reçoivent, sur plusieurs points, une augmentation par les rochers sur lesquels ils s'élèvent. Ils sont armés de cent pièces de canon.

Cette citadelle peut recevoir une garnison de cent trente à cent quarante hommes; elle manque d'eau, et, dit-on, le puits qu'elle possède n'en fournit que de salée.

Aussitôt après la conquête d'Alger, Mr de Bourmont s'occupa des moyens de s'emparer de ce point si important pour le commerce du Midi de la France.

Occupation de Bone.

M[r] le Capitaine de vaisseau Gallois, commandant la Bellone, fut chargé de sonder les dispositions des habitans; il s'en acquitta avec habileté, et la brigade du Général d'Anremont y fut transportée par Mr de Rosamel. La place et le fort lui furent livrés.

L'arrivée de nos troupes éveilla le fanatisme des montagnards; ils se ruèrent sur Bone, ravagèrent les maisons de campagne des habitans, et attaquèrent avec audace les ouvrages que nous avions établis sur la route de Constantine et en avant des Santons.

Combats.

Jour et nuit, nos soldats eurent à combattre

un ennemi infatigable et que ses pertes ne décourageaient point.

Contre l'usage des Musulmans, et au mépris de la loi, ils attaquèrent plusieurs fois nos postes pendant la nuit, et vinrent se faire tuer dans les embrasures de nos redoutes.

Évacuation. Dès que la Révolution de Juillet fut connue à Alger, cette ville fut évacuée. La crainte d'une guerre maritime, et l'impossibilité de pourvoir, dans ce cas, à ses approvisionnemens, y déterminèrent, assure-t-on, le Général en Chef. Au moment de notre départ, les Arabes étaient à ses portes, et une grande partie de ses habitans se sauva à Biserte (*a*), pour échapper à leur vengeance; mais, fidèles jusqu'à la fin, ils sauvèrent la vie à un de nos soldats qui était resté dans la place.

Après la retraite des principaux habitans, ceux qui nous étaient contraires, réunis à une colonie du Collo et de Gigeri, s'emparèrent du pouvoir, et l'officier que Mr le Général Clauzel y envoya fut reçu à coups de canons. Cependant, peu après, par une de ces révolutions fort ordinaires parmi ces peuples, cette colonie étrangère, dévouée au Bey de Constantine, fut expulsée de la ville, et

(*a*) L'évacuation de cette ville fit dire, à Mr Mentzel, officier de la Marine anglaise : les Français ont aussi leur *Parga*.

Bone refusa de reconnaître l'autorité de ce Prince.

SIDI-HADJI-ACHMED, Bey régnant de Constantine, passe pour un Prince cruel, mais plein de foi. « S'il vous promet obéissance, disait le Dey HUSSEIN au Général en Chef, vous pouvez compter » sur sa parole. » *Le Bey de Constantine.*

Abandonné de ses troupes après la prise d'Alger, il subit le sort des Princes malheureux ; son autorité fut méconnue, ses équipages pillés par les Arip ; plusieurs jours il erra dans les montagnes, et sa vie fut long-temps en danger. Ce ne fut qu'avec peine qu'il atteignit les tentes hospitalières de ses beaux-pères ; mais ses alliances le mirent bientôt en état d'attaquer ses ennemis. La fortune lui fut favorable ; il battit les Ammer et le Scheick FARS-HAT. *Il bat ses ennemis et assiège Bone.*

Les Ammer sont une tribu puissante qui habite la contrée de Sitifi (*a*) jadis la demeure des Gétules, dont ils sont peut-être les descendans. SHAW leur attribue l'usage de prostituer leurs femmes et leurs filles. Je ne puis ni confirmer ni contredire le récit de ce voyageur. Après leur défaite, le Bey vint camper à Ras-el-Oued, dans les plaines de Mejanah et à Hamza, (l'Augea des anciens), si célèbre par la défaite et la mort de TAC-FARINAS, qui, pendant tout le règne de Tibère,

(*a*) Sitifi, ou plutôt les ruines de cette ville romaine sont appelées, par les indigènes, *la ville de l'erreur*.

avait désolé la Numidie et la Province romaine.

Cette position et ses relations de famille avec le Scheick de Biban (*des portes de fer*), fesaient penser qu'il marcherait contre les Arip pour en tirer une vengeance éclatante, et peut-être aussi pour soulever les tribus de l'Atlas contre Alger ; mais rien de pareil n'arriva, et il tourna ses armes contre le Scheick El-Fars-Hat, son ennemi personnel ; il le battit et le força à se retirer dans le Djerid.

Ce Scheick, qui commande à plusieurs tribus, nous avait fait des ouvertures, à la fin de Février, par le *Marabet* Sidi-Mohammed-Ben-el-Din (N° 30), personnage connu et respecté à Alger.

Il était convenu qu'après avoir planté ses tentes à Hamza, il se rendrait à la Maison-Carrée, et nous livrerait, pour otages et garans de sa fidélité, son frère et des enfans des Scheicks marchant sous ses ordres. Sa défaite fit avorter ce projet.

Plus tard, un Biscri, se disant à son service, vint apporter une autre lettre, mais on a des raisons de la croire apocryphe et l'œuvre de l'intrigue d'un Juif d'Alger : c'est le même individu qui plus tard trompa Mr de Rovigo, et fut la principale cause du massacre de la tribu d'Aouffia.

Après les fêtes du Baïram, le *Marabet* retourna dans le désert ; mais avant de partir, il nous demanda, comme une grâce, un remède pour un de ses oncles. Embarrassé pour expliquer la nature de sa maladie, il finit par dire qu'il commençait à se faire vieux, et qu'il avait quatre femmes.

Après la défaite de ses ennemis, le Bey HADJI-ACHMED tourna ses regards vers Bone, et voulut la faire rentrer sous son obéissance. A cet effet, il envoya contr'elle son Lieutenant HADJI-OMAR-BEN-ZACOUTA, homme impitoyable et qui avait des injures personnelles à venger.

Au mois de Juillet, la ville était serrée de près, et les habitans, sans communication avec l'intérieur du pays, réduits à se nourrir de l'écorce des arbres qui croissent sur la tombe des morts. Dans cette extrémité, ils s'adressèrent au Consul de France, à Tunis, pour en obtenir quelques secours. *Détresse de cette ville.* *Elle s'adresse aux Français.*

Leur situation était digne de notre intérêt. Première cause de leur malheur et de la position affreuse où ils se trouvaient, nous leur devions secours et appui. Aussi Mr le Chef de bataillon HOUDER, au retour de sa mission à Tunis, ne balança-t-il pas à leur faire distribuer du biscuit, sûr qu'il était de l'approbation du Général en Chef. Peu après ils reçurent, d'Alger et de France, des vivres et des munitions. *Elle en reçoit des secours.*

A la fin d'Août, les chefs de Bone écrivirent au Général, que, las de ses misères, le peuple voulait ouvrir les portes à l'ennemi; qu'ils lutte- *Elle demande une garnison Zouave.*

raient encore quinze jours, mais qu'ils seraient forcés d'abandonner la ville, si, dans cet intervalle de temps, ils ne recevaient pas des secours. A cet effet, ils demandaient du pain, de la poudre, des fusils, un chef pour les diriger, et deux cents Zouaves *Musulmans* pour ne pas effaroucher le fanatisme des basses classes.

Il était important pour la France que cette place ne tombât pas au pouvoir de notre ennemi; et puisqu'il n'entrait pas, alors, dans les vues du Gouvernement, de faire une expédition coûteuse, il convenait d'aider la population à prolonger une défense dont, à la fin, tous les avantages devaient nous revenir. Aussi cette demande fut-elle accueillie avec faveur.

Elle y est envoyée.

Les préjugés de ces peuples, et leur éloignement pour les étrangers, rendaient cette opération délicate et difficile. Elle demandait un homme qui réunît la prudence et la dextérité à une grande fermeté. Le choix tomba sur Mr HOUDER.

A ces qualités, cet officier supérieur joignait une connaissance parfaite des mœurs et des habitudes des Musulmans.

L'état de la station navale ne permettant pas d'embarquer deux cents hommes, Mr HOUDER partit d'Alger, le 8 Septembre, avec cent vingt-cinq Zouaves. Il arriva à Bone le 13, et il y fut reçu comme un libérateur.

Le Général reçut à Alger la nouvelle de cette

occupation le 21, et le même jour il écrivit au Gouvernement, en lui en rendant compte : « Si » j'avais un bâtiment, je ferais partir de suite le » 1er bataillon des Zouaves, et sans attendre la dé» cision que je vous ai demandée par ma lettre » du 8 Septembre; mais, faute de bâtimens, je » ne puis faire cet envoi : vous avez sûrement com» pris que, si je n'embarquais que cent vingt-cinq » hommes, c'est que le vaisseau ne pouvait con» tenir un plus grand nombre de passagers. »

Ben-Zacouta s'éloigne.

BEN-ZACOUTA, croyant, sans doute, à l'arrivée d'un renfort bien plus considérable, se retira dans l'intérieur des terres, à plusieurs journées de marche.

La troupe fut logée sur le port pour avoir une communication facile et non interrompue avec le bâtiment qui l'avait apportée. Les obus et les grenades, dont elle était approvisionnée, la mettaient en sûreté contre toute agression. Au reste, rien ne la fesait redouter. Les antécédens de cette population et son propre salut semblaient répondre de sa fidélité.

On se promettait d'heureux résultats de ce concours de circonstances : non-seulement on se flattait qu'une occupation permanente de la ville, sans dépenses et sans effusion de sang, en serait la suite inévitable, mais on espérait aussi qu'il accélèrerait l'issue des négociations entamées avec le Bey ACHMED, et qui traînaient en lenteur par l'influence et les intrigues d'un Agent diplomatique à Tunis.

Nos Zouaves prirent possession de la ville et en occupèrent les portes : celle de Constantine, fermée depuis quatorze mois, fut rouverte, à la grande satisfaction des habitans, et bientôt les arrivages de l'intérieur affluèrent sur les marchés.

L'ordre qui régnait dans la ville, et la protection accordée aux Arabes, leur inspira une telle confiance, que le fameux Scheick Eschemasni se rendit à Bone, avec une escorte de trois cents cavaliers, et témoigna, à Mr Houder, les intentions les plus amicales.

La Cassaubah.

Tout avait réussi, et le Commandant français était entouré de respect et d'intérêt. Il crut que l'occupation de la Cassaubah achèverait de consolider sa position, et de lui assurer l'autorité morale dont il avait besoin : c'était un point délicat à aborder.

Ce fort, occupé par quelques habitans de Bone et une soixantaine de Turcs, avait pour Commandant un nommé Sidi-Achmed, d'une des principales familles du pays.

Est remise au Commandant français.

Cet homme et ses cinq frères étaient pleins d'ambition et exerçaient un grand pouvoir dans la ville ; cependant, malgré leurs efforts, Mr Houder obtint de l'administration que Sidi-Achmed lui remît les clefs de cette citadelle.

Les Turcs qui en fesaient la garnison passèrent

au service de France, et on la renforça de quarante-cinq Zouaves. Un officier français en prit le commandement.

Dès ce moment, Mr HOUDER regarda l'occupation de Bone comme consommée.

« Je me réjouis, mon Général, d'avoir pu amener les choses à ce point par des moyens qui » ne froissent point les masses; mon action sera » plus libre, et l'autorité française, mieux constatée, s'affermira de plus en plus.

« Je vous prie de m'envoyer cent ou cent cinquante Zouaves Arabes; pas de mélange de *Français, ils nous gâtent tout.*

» Les habitans de toutes les classes viennent me » féliciter, me dire que je suis fortuné, que tout » me réussit........ Si, d'une part, je rencontre » une confiance dont je n'ai qu'à me louer, de » l'autre, je n'oublie point les *précautions que me* » *commande la situation encore nouvelle et toute* » *d'épreuves où nous sommes*, etc. »

C'est ainsi que s'exprimait cet officier supérieur le 25, la veille de la catastrophe qui lui coûta la vie.

Les ACHMED, blessés dans leurs intérêts et leur amour-propre, intriguèrent et cherchèrent à animer le fanatisme des basses classes. Leur qualité d'Ulémas leur en facilitait les moyens; enfin, ils furent accusés d'exciter les tribus des montagnes à se porter sur Bone, et les hommes de bien engagèrent le Commandant français à les expulser de la ville. Cette mesure était, à leurs yeux, nécessaire pour assurer la paix et la tranquillité publique; mais celui-ci, craignant de devenir l'instrument de quelques vengeances particulières, hésitait et demandait des preuves. Il était au moment de les obtenir, et il allait prendre un parti, lorsqu'un incident inattendu vint renverser l'édifice qu'il avait élevé avec tant de bonheur et de peine.

Ibrahim, ex-Bey de Constantine.

Il y avait à Bone, *dans la misère*, un certain IBRAHIM, ancien Bey de la Province de Constantine, où il avait conservé des partisans nombreux. Il sollicitait notre assistance pour ressaisir le pouvoir, et se montrait zélé pour nos intérêts. Mr HOUDER, chargé de l'étudier, se méprit sur son caractère. Il le jugea loyal et honnête, mais borné et presque sans intelligence. C'était pourtant un homme très-rusé, comme on va le voir.

Souvent il avait appelé l'attention de Mr HOUDER sur les intrigues des ACHMED. Le 25, il vint le prévenir qu'ils avaient le dessein de s'emparer de la Cassaubah par surprise, et ensuite il lui emprunta quelque argent.

Il s'empare de la Caussubah, dont les portes restaient ouvertes.

Le 26, ce même IBRAHIM épie le moment où l'officier commandant la citadelle vient déjeûner, monte, avec quelques affidés, à la Cassaubah, dont les portes, par une excessive confiance, restaient ouvertes. Il est reçu par la garnison; il lui distribue en gratification l'argent qu'il avait emprunté la veille, ferme les portes de la citadelle, et arbore son pavillon qu'il assure de trois coups de canon.

Le Commandant HOUDER et le Capitaine BIGOT y accourent dans l'espoir que leur présence ferait rentrer les troupes dans le devoir. Mais, reçus à coups de fusils, ils sont abandonnés des leurs et forcés de renoncer à cet espoir. *Efforts pour la reprendre.*

Ce qu'il y avait de mieux à faire, peut-être, au milieu de circonstances aussi graves, et qu'on ne peut bien apprécier que sur les lieux, était de se renfermer, avec ce qui restait de troupes, dans la caserne de la Marine, et là, sous la protection des bricks la Créole et l'Adonis, attendre l'arrivée des renforts sur lesquels on devait compter, quoiqu'ils n'eussent pas été demandés encore.

Cette mesure ne fut pas jugée nécessaire. L'on continua à vivre avec la même sécurité; et, comme s'il ne fût survenu aucun changement dans notre position, rien ne fut changé dans le service de la place. On espérait toujours de reprendre, par des négociations, le poste qu'on avait perdu si malheureusement.

Jusqu'au 28, les choses restèrent dans le même état, et le Commandant HOUDER n'avait aucune inquiétude.

Le 29, elles changèrent de face. Des Cabaïls étaient entrés dans la citadelle, d'autres s'étaient approchés de la ville, et une vive altercation s'éleva *Le 29. Catastrophe.*

entre Mr HOUDER et les Ulémas qui redemandaient les clefs de la ville.

L'évacuation immédiate de Bone fut décidée; et les dispositions ayant été concertées avec la Marine, celle-ci envoya ses embarcations et ses hommes pour la protéger.

Vers dix heures, des Bédouins attaquent les portes; les gardes se retirent en tiraillant; le Capitaine BIGOT vole à leur secours et meurt frappé de deux coups de pistolet. La Cassaubah et la ville tirent sur nos deux bricks qui ripostent et font taire la ville. Pendant ces entrefaites, on se battait à la porte de la Marine et sur le quai; les troupes arrivent aux embarcations, et le Commandant HOUDER est tué à bord de l'une d'elles.

La Marine perdit dix hommes. Les Zouaves n'eurent point de morts; MMrs HOUDER et BIGOT furent les seules pertes qu'éprouvèrent les troupes de terre; mais elles furent vivement senties. C'étaient deux officiers fort distingués, quoique sous des rapports différens, et dignes d'un sort plus heureux.

Le 30, les renforts arrivent.

Le 30, arrivèrent sur rade les bricks le Cigne et le Voltigeur, montés par le 2me bataillon de Zouaves.

Mr DUVIVIER, qui le commandait, conçut le projet d'enlever la Cassaubah par surprise et pendant la nuit. Mais il avait besoin du concours de la Marine, et les pertes qu'elle avait déjà éprouvées rendirent celle-ci circonspecte.

Cette entreprise hardie avait, sans doute, des chances contr'elle; cependant la réussite, loin d'en être impossible, acquérait un grand degré de probabilité de la faiblesse de la garnison, de la sécurité où elle devait être, et surtout de la manière dont les Turcs servent pendant la nuit. Dans tous les cas, ce projet atteste la capacité et l'énergie de cet officier.

Les habitans de Bone, épouvantés des suites de cet événement, rendirent, le lendemain, un officier et trente-deux Zouaves restés dans la ville. Ils envoyèrent, en même temps, une députation de trois membres pour se justifier; ceux-ci arrivèrent à Alger sur les bâtimens qui nous apportèrent ces funestes nouvelles.

Bone offre de recevoir garnison française.

Depuis cette époque, la ville a offert de recevoir de nouveau garnison française; mais, jusqu'à ce jour, le Gouvernement n'a pas cru devoir profiter de ces offres (*a*).

(*a*) Les habitans de Bone, pressés, au commencement de 1832, par les Arabes, recoururent à Mr de Rovigo qui leur envoya des vivres. Pendant que le bâtiment français était mouillé dans la rade, les Arabes furent introduits dans la ville, qu'ils incendièrent après l'avoir saccagée.

La garnison de la citadelle, tremblante, offrit au Commandant français de lui livrer la place pour échapper à la mort dont elle était menacée. Ibrahim s'échappa pendant la nuit. C'est ainsi que, sans coup férir, nous sommes rentrés en possession de cette ville.

On assure qu'Ibrahim a fait sa paix avec Hadji-Achmed, et qu'il est son Lieutenant à Médéah.

CHAPITRE VI.

Oran.

Oran. Oran, résidence du Bey de la Province d'Occident au moment de la conquête d'Alger, avait été possédée par les Espagnols jusqu'en 1790.

A cette époque, un tremblement de terre qui bouleversa la ville et détruisit une partie des fortifications, décida le Gouvernement espagnol à l'abandonner.

Bâtie sur le bord de la mer, dans la baie de Mers-el-Kebir (le grand port), elle est divisée, par un large ravin, en deux parties qui portent les noms de ville vieille et de ville neuve. C'est le grand marché des grains dont la Province abonde, et qui forme la principale branche de ses revenus.

Rade de Mers-el-Kebir. La rade est vaste et sûre. Une flotte, quelque nombreuse qu'elle soit, peut s'y réfugier sous la protection du fort Mers-el-Kebir.

Le fort est occupé. Après la conquête d'Alger, le Général en Chef donna ordre de la reconnaître et d'en occuper le fort.

Les quatre-vingts Turcs qui le gardaient se rendirent sans faire résistance. Le Bey HASSAN, avancé en âge, promit obéissance; mais la majeure partie de ses troupes l'abandonna et se retira à Trémècen. Cinq cents Turcs seulement restèrent auprès de lui et mirent la ville à l'abri des irruptions des Arabes. A la suite de la Révolution de Juillet, le fort de Mers-el-Kebir fut abandonné après qu'on en eut démantelé le front qui bat la mer. *Il est démantelé.*

Les Marocains ont de vieilles prétentions sur cette Province; appelés par un marchand de Trémècen, nommé BENOUNA, ils pensèrent que l'état de trouble et de désordre où elle se trouvait leur serait favorable pour les faire valoir, et MULEY-ALI, cousin de l'Empereur, accompagné d'un Santon, y pénétra avec une armée dont les gardes impériales blanches et noires fesaient partie. *Les Marocains.*

Sa qualité de Shérif, c'est-à-dire descendant du Prophète par père et par mère, lui donnait une grande influence sur ces peuples. Les Arabes se rallièrent à lui, et il s'empara de Mascar, dont il chassa les Turcs. Il fut moins heureux à Trémècen. Les Colourlis et les Turcs, au nombre d'environ trois mille, se renfermèrent dans le fort, et MULEY-ALI dut se borner à en faire le blocus.

Le Bey d'Oran (N° 31), sollicité par ce Prince de lui céder la place, rendit compte au Général CLAUZEL de ces événemens et lui demanda du secours. *Dispositions pour sauver cette Province.*

Bientôt le Général D'ANREMONT s'y rendit avec les 17ᵉ et 21ᵉ régimens. Dans la croyance où l'on était, à Alger, que les Turcs et les Arabes qui lui restaient fidèles le suivraient avec plaisir dans cette expédition, cet officier général était chargé de marcher sur Trémècen (Telemsan).

Il ne tarda pas à reconnaître combien ces idées étaient fausses, et il dut borner ses soins à mettre la place en état de défense, et à renvoyer le Bey Hassan à Alger.

En même temps qu'il fesait marcher des troupes contre cette Province, le Général Clauzel envoyait, à la Cour de Maroc, le Colonel Auvray. Rappelé en France par le Gouvernement, cet officier ne put remplir sa mission et ne dépassa pas Tanger; mais notre Consul s'empressa de faire des réclamations énergiques auprès de cette Cour.

Réponse du Shérif à nos réclamations.

Au lieu des satisfactions qui lui étaient demandées, l'Empereur revendiqua, dans sa réponse, la Province de Telemsan ou Trémècen, comme fesant partie des États de Maroc; la lettre de ce Souverain est curieuse et se termine par ces mots remarquables : « Les Musulmans sont des hommes » libres qu'on ne s'approprie pas. »

Pendant que ces choses se passaient, le Général Clauzel traitait, avec la Cour de Tunis, de la cession de cette Province.

Les Tunisiens prennent possession d'Oran.

Par suite de ces négociations, Keredin-Aga, Caïmacan du Prince tunisien, nommé Bey d'Oran, parti de Tunis avec une avant-garde de deux cent cinquante hommes, était arrivé le 25 Janvier à Alger. Après la signature du traité du 6

Février, il poursuivit sa route et arriva le 9 en rade d'Oran. Ce jour-là même, les Arabes étaient venus tirailler contre les murs de la ville.

Ce Gouverneur s'était bercé de belles idées sur l'état de cette Province et de ses ressources. Il croyait la trouver tranquille et soumise, à l'exception de Trémècen ; il croyait que MUSTAPHA et MUSSERLI, qui exerçaient une influence immense sur les Arabes, l'attendaient avec impatience ; que des approvisionnemens de toute espèce se trouvaient réunis dans les magasins, et que des revenus assurés pourvoiraient aux besoins journaliers.

Au lieu de ces douces illusions, il trouvait un pays en pleine révolte, des magasins vides (*a*), point de revenus certains, MUSTAPHA et MUSSERLI passés dans le camp ennemi, un palais sans mobilier, et une ville presque détruite (*b*).

Ils demandent à retourner à Tunis.

Son mécontentement fut extrême. Il se plaignit d'avoir été trompé, et demanda que le traité du 6 Février fût déclaré nul, et qu'il lui fût permis de retourner à Tunis. Cependant quatre cents Turcs passèrent à son service, et la ville de Mos-

(*a*) Les états donnés par le Bey et ceux de l'administration ne concordent pas ensemble.

(*b*) On avait brûlé le bois des toitures, les portes et fenêtres des maisons pour les besoins ordinaires de la vie; on ne trouve de bois qu'à une distance de deux ou trois lieues.

taganem reconnut son autorité ; enfin, une circonstance inattendue lui assura des partisans parmi les indigènes, et rendit sa position moins fâcheuse (N° 32).

Mustapha-Aga et Musserli, Caïd, s'étaient rendus auprès de Muley-Ali ; ce Prince les reçut fort bien et les fêta ; mais, bientôt après, il les fit charger de chaînes, et les envoya prisonniers à Fez.

A la nouvelle de ce traitement, les tribus puissantes qui leur étaient soumises vinrent se ranger sous les étendards de Keredin, et lui demandèrent avec instance de les mener contre Trémècen pour délivrer leurs chefs.

Leurs affaires prennent une meilleure tournure.

Celui-ci n'avait pas les moyens de faire une telle expédition ; et, les eût-il eus, la sainteté du Shérif lui aurait laissé peu de chances de succès. Mais la soumission de ces tribus était d'un bon exemple, et l'arrivage des grains et la vente des *teskerets* (*a*) (licences) lui procurèrent des ressources momentanées.

A la même époque, vers le 15 Mars, un évé-

(*a*) C'est le nom des licences que donnaient les Beys pour l'exportation des grains ; on se rappelle qu'une des premières opérations du successeur du Général Clauzel (son arrêté est du 28 Février) fut de rapporter la mesure qui défendait l'exportation des grains de ce port, mesure qui avait été prise pour favoriser l'approvisionnement d'Alger, et qui n'avait été utile qu'à la maison Sellière.

nement d'une toute autre importance, la retraite de MULEY-ALI et sa rentrée dans les États de Maroc, semblèrent donner aux affaires des Tunisiens la tournure la plus favorable.

Les Arabes pillés et rançonnés par le Prince marocain, avaient fait parvenir leurs plaintes jusques à l'Empereur. Il est probable que le mécontentement de ces peuplades, les lenteurs de l'expédition, les dépenses qu'elle occasionait (*a*), et, plus que tout, sans doute, la fermentation qui régnait dans le Maroc et qui bientôt éclata en révolte ouverte, commandèrent cette mesure.

Si, dans ces circonstances, KEREDIN avait eu à sa disposition les deux mille hommes de troupes stipulés dans le traité, et, surtout, s'il avait pu disposer de quelque argent, il est possible que la domination tunisienne se fût consolidée; mais ce Gouverneur, laissé sans ressources par sa Cour, n'avait ni hommes ni argent, et, sans le secours en vivres qu'il recevait de l'administration française, il n'aurait pu assurer la subsistance du petit nombre de soldats sous ses ordres. Ainsi cette occasion heureuse fut manquée et n'eut aucune influence durable sur la situation du pays.

Un événement remarquable, arrivé à cette épo-

(*a*) Elle avait coûté 150,000 piastres d'Espagne, ou 792,500 fr., somme énorme pour cet Empire.

que, tout étranger qu'il est aux affaires du Beylick, doit trouver sa place ici.

Espagnols qui se réfugient à Oran; parmi eux se trouve un Français.

Au commencement d'Avril, un bâtiment, sous pavillon tricolore, entra dans le port d'Oran; il portait cent cinquante-un Espagnols condamnés aux présides (*a*). Ces malheureux, entassés sur un bâtiment de cinquante tonneaux, sans pain, sans eau, sans air, avaient été menés à Ceuta, à Malaga, à Mélilla, d'où, faute de place dans les prisons, ils étaient ramenés à Malaga. C'est dans ce trajet qu'ils brisèrent leurs fers, désarmèrent la garde qui veillait sur eux, et vinrent, sur les côtes hospitalières de la domination française, demander du pain et la vie.

Parmi ces infortunés se trouvait un Français (*b*), enlevé, en 1829, sur le territoire français, et condamné, par le Comte d'Espagne, à dix ans de présides, après avoir croupi onze mois dans les cachots de Barcelonne. Revenons à Oran.

La retraite de Muley-Ali n'améliora guère la position des Turcs et des Colourlis qui défendaient la citadelle de Trémècen. Les Arabes con-

---

(*a*) La nomenclature de leurs délits était fort variée : des constitutionnels, des assassins, des querelleurs, des ivrognes, des blasphémateurs, des contrebandiers, des déserteurs, des prévenus de concubinage, etc.

(*b*) Ce Français s'appelait Jean Mas, de la commune de Sozède, département des Pyrénées-Orientales.

tinuèrent à les bloquer; et, sur les autres points de la Province, l'espèce de pacification qui s'y était établie ne tarda pas à être troublée.

Expédition des Tunisiens.

KEREDIN parlait toujours de marcher sur Trémècen; il demanda du canon à Alger, et, quand il l'eut reçu, il n'en fut plus question. Il fit pourtant une expédition, mais elle fut dirigée contre quelques tribus arabes, voisines d'Oran.

Un détachement, composé de Tunisiens et de Turcs, partit de cette place à la nuit, cerna les adouards de ces tribus, et fit main-basse sur tout ce qui ne put se sauver par la fuite: vieillards, femmes, enfans, tout fut massacré sans pitié, leurs bestiaux enlevés et vendus.

Elle ruine leurs affaires.

Cet acte de cruauté ne leur tourna pas à profit; il rompit violemment tous les liens des habitans du pays avec eux, et les tribus qui s'étaient approchées de la ville s'en éloignèrent de nouveau. Mustaganim (*a*) se révolta, et il fallut porter du secours à la garnison. Moins heureuse, celle de Mascar fut massacrée. Enfin, trois Arabes se proclamèrent Beys, et le pays fut dans une confusion complète.

Anarchie.

Au milieu de cette anarchie, la France notifia à la Cour de Tunis que les traités conclus avec le Général CLAUZEL n'étaient point ratifiés. Dans

(*a*) Cette ville, située sur le bord de la mer, entre Oran et Arzew, a un fort occupé par une garnison turque.

la situation de ses affaires, ce fut pour elle un événement heureux.

Les Tunisiens se retirent; un Général français en est le Gouverneur.

Au mois d'Août, Keredin-Aga quitta Oran. Il y fut remplacé par un Général français.

Soit inconstance de caractère, soit haine des Tunisiens, plusieurs tribus vinrent faire leur soumission et approvisionner les marchés; mais cette bonne intelligence ne fut pas de longue durée. Quelques mesures de sévérité, et l'arrivée dans la Province d'un nommé Bilamri (*a*), envoyé de Maroc, mirent encore une fois tout le pays en armes, et l'insurgèrent contre nous.

Muley-Ali avait à peine repassé les frontières de l'Empire, que le Shérif reprit ses projets contre cette Province; mais, éclairé par l'expérience, il voulut, pour en assurer la réussite, profiter de l'influence de l'Aga Mustapha et du Caïd Musserli, qu'il avait entre les mains. A cet effet, ils furent mis en liberté et renvoyés dans leurs tribus, après avoir prêté serment d'allégeance entre les mains de l'Empereur. Le Marocain Bilamri, avec le titre de Gouverneur de Trémècen, les accompagnait (*b*).

(*a*) Ce Bilamri est chef de la tribu de Beni-Hassem, qui campe sur les bords de l'Océan, entre les villes maritimes de Salé et de Mamoura.

(*b*) Il s'était mis en route vers le 15 Mai; arrivé au pont de Sbou, près de Fez, il reçut contre-ordre et ne reprit l'exécution de ce projet qu'après la défaite des Ondoyas (gardes blanches de l'Empereur) qui s'étaient révoltés.

La présence de ces deux chefs produisit d'abord l'effet qu'on s'en était promis, et la plus grande partie des tribus de la Province reconnurent l'autorité de BILAMRI. Toutefois, sa puissance ne put s'affermir; les contributions qu'il réclama refroidirent le zèle de ses partisans, et, sur les représentations de la France, l'Empereur de Maroc en promit le rappel. *Les Marocains rentrent dans la Province.*

Dès que l'occupation d'Oran, par nos troupes, fut résolue, on s'occupa de réparer les ouvrages de la place, et, dans ces travaux, les Juifs nous secondèrent avec un zèle et un désintéressement fort rares, qui méritent d'être signalés.

Le système administratif et judiciaire, en vigueur à Alger, fut appliqué à Oran. Quelques réformes qu'il pût réclamer, on ne pouvait s'en occuper qu'après avoir étudié les besoins particuliers de ces localités.

Opposé en tout à celui d'Alger, le système politique qu'on y adopta prit pour base la terreur et la *finesse*. Je choisis ce mot pour ne blesser aucune susceptibilité. Bientôt il fut mis en œuvre, et plusieurs têtes furent coupées. *Système qu'on y met en pratique.*

Ces exécutions sanglantes furent loin d'opérer les heureux résultats qui avaient été proclamés d'avance.

Les tribus n'en furent que plus animées contre nous : les arrivages cessèrent, les hostilités recommencèrent et tinrent la ville étroitement bloquée *Ses effets dans la Province.*

pendant plusieurs mois : loin de pouvoir sortir des portes, les sentinelles étaient insultées sur les remparts. Jusqu'à ce jour (1832), les choses sont dans le même état (*a*). Bientôt connues dans l'Empire de Maroc, ces exécutions y excitèrent une vive sympathie en faveur de leurs coreligionnaires, et le traitement qu'éprouva un Marocain manqua de nous brouiller sérieusement avec le Shérif.

MAHOMET-VALENCIANO fesait le commerce à Oran, où il était un des plus riches négocians; des lettres qui lui étaient adressées par des Arabes, et qui le compromettaient, furent interceptées. On lui coupa la tête, sans jugement, ainsi qu'à son esclave; on chassa de chez lui sa femme malade, et on confisqua son argent et ses marchandises.

Ses effets dans le Maroc. — Cette exécution produisit, dans les États de Maroc, une exaspération qui y mit un moment la vie des Français en danger. Le Gouvernement parvint à la calmer; mais, en même temps qu'il fesait respecter chez lui le droit des gens, il demandait, à la France, compte de ce qu'il appelait une violation des traités, et réclamait une réparation convenable.

Un envoyé, chargé de présens pour ce Souve-

(*a*) L'état d'hostilité permanente de ces peuples, depuis la mise à exécution de ce système, en prouve, à part l'immoralité, le danger et l'inutilité.

rain, est parti de France, dans les premiers jours de Janvier, pour se rendre à la Cour de Maroc. Il est présumable qu'ils donneront du poids aux explications qu'il est chargé de lui présenter, et que cette affaire n'aura pas d'autres suites. »

PREUVES

ET PIÈCES JUSTIFICATIVES.

(N° 1.)

1° La Zeugitane commence à la rivière Tusca, et c'est ce que l'on appelle l'Afrique. Dans les environs de Clypea, Tarubis (au Sud de Tunis), le pays prend le nom de Bizacium. C'est un district de 250,000 pas de circuit, et qui est extrêmement fertile. La terre rend au laboureur le centuple des blés qu'il lui a confiés ; on y trouve Leptis, Adrumète, etc.

Le pays que nous avons appelé Afrique est divisé en deux Provinces, l'ancienne et la nouvelle, séparées par un fossé tiré du temps du 2ᵉ Africain.

PLINE, *liv. V, chap. IV, description de l'Afrique.*

On appelle Zeugis le pays où est la grande Carthage : c'est l'Afrique proprement dite qui est située entre le Bizacium et la Numidie.

ISIDORE DE SÉVILLE.

2° Vers l'Orient, l'Afrique est terminée par le

fleuve Ampsagas, jusqu'à l'endroit dont la position est de 27° 50'.

PTOLOMÉE.

Du côté du Midi, elle est bornée par les peuples de Lybie ; à l'Occident, par la *Mauritanie-Césarienne*, et, au Nord, par la mer d'Afrique.

L'Afrique est bornée, à l'Occident, par la Mauritanie-Césarienne, suivant le fleuve Ampsagas.

POMPONIUS-MELA, *chap. IV.*

Sur les côtes de la mer de Lybie, on trouve, tout près du Nil, la Province qu'on appelle Cyrénaïque; ensuite vient la Province d'Afrique, qui a donné son nom à tout ce vaste continent. (Voyez au N° 26.) *Idem, chap. VI.*

(N° 2.)

Les ennemis de Dieu et de son Prophète, les Français maudits, se trouvent dans le port, à l'Ouest de Sidi-Ferruch............. Ils ont brisé le mât de beaupré du vaisseau amiral : c'est un présage de leur ruine................ Ils nous ont tiré trois coups de canon qui ont porté dans la forêt. Nous avons riposté en leur envoyant quelques bombes qui ont éclaté en l'air.

*Extrait des rapports d'*IBRAHIM-AGA, *Général en Chef de l'armée algérienne.*

(N° 3.)

Nous mettons toute notre confiance en Dieu, et nous espérons qu'assistés de son puissant secours, la victoire restera aux Musulmans......... Je persiste à croire que ces infidèles veulent tenter un débarquement. S'ils débarquent, ils *périront tous.* *Idem.*

(N° 4.)

Page 77. Quinze pièces de canon et plusieurs drapeaux furent les trophées de la victoire.

Le Général Berthézène cita plusieurs officiers comme s'étant particulièrement distingués : ce sont MM[rs] de l'Aure, Capitaine de voltigeurs au 4e léger; Clouet, Capitaine de carabiniers au 14e régiment; Bache, Sous-Lieutenant au 2e léger; Belliard, Capitaine au 14e de ligne; Abadie, Capitaine au 37e.

MM[rs] Bessières, Sous-Lieutenant au 3e de ligne, et Charles de Bourmont étaient entrés les premiers dans une des batteries ennemies.

Extrait du journal du Général Desprez, *Chef d'État-Major général.*

(N° 5.)

Leur nombre (des ennemis) est considérable. Leurs troupes s'étendent depuis l'Oued-el-Bagrass jusqu'à peu de distance de l'Oued-Massafran.

Depuis l'aurore jusqu'au moment où je termine cette lettre (4 heures), nous n'avons pas cessé de nous battre contre ces infidèles maudits. Que Dieu nous aide, par sa force et sa puissance, à les détruire!....... Nous avons eu beaucoup de blessés. Envoyez-moi en toute hâte les troupes de notre frère le Bey de la Province de l'Est..... Comme ils s'avançaient derrière nous pour nous tourner, nous avons fait feu de toute notre artillerie pour les en empêcher...... Nous avons été forcés d'abandonner les pièces et les mortiers que nous avions dans la batterie de la forêt, après avoir perdu nos canonniers....... Malgré cela, nous parviendrons, s'il plaît à Dieu, à les *cerner*....... Que les Cabaïls ainsi que les autres viennent nous rejoindre ; il est de toute nécessité que vous donniez les ordres les plus précis pour que l'armée de l'Est vienne à mon secours.

On m'a rapporté qu'on débitait mille mensonges à Alger sur ce qui se passe ici.................... Les ennemis occupent toujours la même position. Nous occupons le sommet des montagnes. Notre frère, le Bey de Titeri, vient de s'établir à Sidi-Khaleff. Ses troupes s'étendent jusqu'au bord de la mer. Les Cabaïls de la tribu de Flissah, ainsi que d'autres, sont arrivés. Ils sont dans la meilleure disposition. Ils m'ont demandé cent cartouches par homme.

*Extrait des rapports d'*IBRAHIM-AGA.

(N° 6.)

Page 94. Le Général en Chef, qui se souvenait qu'en 1813, il n'avait pu opposer, aux escadrons Russes et Prussiens, le feu de l'infanterie qui se trouvait sous ses ordres, songea un moment à faire rétrograder la première ligne vers une position plus resserrée que celle qu'elle occupait ; on lui représenta que ce mouvement, en ranimant la confiance de l'ennemi, produirait un inconvénient plus grave que celui qu'on voulait éviter. Le Général Berthézène déclara que, dans le cas même où les troupes seraient réduites à ne se servir que de leurs baïonnettes, il répondrait encore de conserver sa position.

Extrait du journal du Général Desprez, *Chef d'État-Major général.*

(N° 7.)

Le chef des canonniers arrive avec six pièces de canon........ La pièce de canon de 18 est arrivée d'Alger ici dans quatre heures; c'est un secours qui nous vient à propos........ Comme j'avais l'intention de ne pas attaquer les infidèles en ce jour béni (vendredi), j'ai été aux avant-postes, et j'ai ordonné aux soldats, aux Cabaïls et aux Arabes qui avaient déjà commencé le feu, de se retirer vers le camp, et leur ai dit que je les ferais attaquer demain......... Notre armée s'est augmentée. Les troupes sont très-bien disposées; les chefs m'ont assuré qu'ils sortiraient triomphans de la guerre sacrée qu'ils ont entreprise; ils nous sont tous dévoués........ Je suis monté à cheval avec mes frères, pour visiter le terrain et reconnaître les endroits les plus favorables pour placer avec avantage nos troupes le jour où nous attaquerons les chrétiens; cette attaque aura lieu vers le naher-el-sabt (samedi 19), le matin au moment où le jour commencera à paraître. Je vous répète que nos Scheicks ne peuvent pas être mieux disposés qu'ils ne le sont........ Les chefs victorieux abaisseront les infidèles, ennemis de Dieu et de son Prophète, sur qui soit le salut et la bénédiction.

Le 25 del hadjeh 1245 (17 Juin 1830).

*Extraits des rapports d'*Ibrahim-Aga.

(N° 8.)

Page 232. Depuis la prise de possession d'Alger, le Général Lahitte avait fait faire l'inventaire du matériel de l'artillerie qui se trouvait dans la place, dans les forts et dans les batteries de côte. Le nombre de bouches à feu s'élevait à dix-huit cents; près de la moitié étaient en bronze; le poids moyen de celles-ci s'élevait à trois mille kilogrammes. Les magasins à poudre contenaient environ onze mille barils de cinquante kilogrammes chacun. La plus grande partie de cette poudre avait été fabriquée en Angleterre ; il y en avait un tiers d'avarié. Le nombre des projectiles était proportionnellement aussi considérable. On avait, en outre, trouvé dans les magasins de la Régence, une immense quantité de plomb. A la fin de 1830, six cents pièces en bronze et quatre mille barils de poudre avaient été déjà transportés en France. Ainsi l'expédition d'Alger, loin d'avoir épuisé nos arsenaux, a considérablement accru la masse des approvisionnemens de guerre.

Une des bouches à feu avait été fondue en France sous LOUIS XII. Sept l'avaient été sous FRANÇOIS Ier, une sous HENRI II, une sous LOUIS XIII. Il y a quelque raison de croire que les plus anciennes, après avoir été prises aux Français par les Espagnols, furent abandonnées par ceux-ci dans l'expédition de 1541.

Extrait du journal du Général DESPREZ, *Chef d'État-Major général.*

(N° 9.)

Détail des pièces de marbre.

Deux grandes colonnes de marbre, dont une destinée à Mr DE BOURMONT fils.

Deux coupes à fontaine avec leurs piédestaux.

Quatre encadremens de croisées et un de porte avec les contrevents et portes.

De plus, quatre des colonnes qui sont dans des caisses fermées, et des pavés en marbre pour seize toises carrées.

Extrait d'une lettre à Mr DUPEAU, *Commandant le Génie.*

(N° 10.)

Inter Romanos, negotia causarum, romanis legibus præcipimus terminari.

Ord. chlot. 11, art. 4.

Tùm grafio congreget secum septem Regimburgios idoneos.

Leg. Sali., tit. 52. Tout le titre 60 de la même loi et le titre 32 de la loi ripuaire.

Postquam scabini eum judicaverint, non est licentia comitis vel vicarii vitam concedere.

Cap. 2, an 813, art. 13.

(N° 11.)

Au Général CLAUZEL.

Le 24 Octobre 1830.

Mon Général,

J'ai toujours de mauvaises nouvelles à vous

donner sur le compte des Zouaves. Hier, treize sont désertés, dont cinq avec armes, et le tout avec bagages. Il devient urgent d'arrêter tout enrôlement, etc.

Signé le Lieutenant Général BOYER.

Nota. Dans l'espace de cinq mois, ils emportèrent 206 fusils et 8 sabres.

(N° 12.)

Tribus qui ont combattu à Tennia.

Savoir :

Les Sommata, les Beni-Menad, Beni-Salah, etc., en tout sept tribus. Elles étaient toutes sous les ordres de leurs Scheicks respectifs, renforcées des Turcs du Bey de Titeri, et sous l'influence de son Aga.

Rapport du Lieutenant Général BOYER *au Général* CLAUZEL, *en date du 1er Décembre* 1830.

(N° 13.)

Au Colonel MARION, *Commandant à Médéah.*

A la Ferme de l'Aga, le 26 Novembre 1830.

L'intention du Général en Chef est de châtier les habitans de la plaine de la Mitidjiah qui ont osé attaquer nos convois, inquiéter nos postes, et *peut-être* commettre un assassinat sur la personne de nos canonniers.

„ Signé le Général DELORT, Chef d'État-Major général.

Nota. Peut-être est d'une grande franchise.

(N° 14.)

Au Général CLAUZEL.

27 Novembre.

J'ai l'honneur de vous prier de m'envoyer des cartouches........ Je crains de me trouver au dépourvu si jamais l'ennemi renouvelait son attaque.

Rapport du Colonel MARION, *Commandant le* 20ᵉ *régiment de ligne.*

Au même.

28 Novembre.

Mon Général,

Ma position est très-critique par le peu de munitions que me laisse cette journée........... Si l'ennemi renouvelle son attaque à bonne heure, à midi je serai peut-être réduit à me défendre à la baïonnette.

Je vous prie............... de m'envoyer sur le champ des cartouches, deux pièces de montagne, et un bataillon pour réparer mes pertes, qui, depuis deux jours, me mettent hors des rangs 300 hommes.........

Rapport du même.

Au même.

29 Novembre.

Je manque de munitions; il est bien temps que vous veuillez bien m'en envoyer........... Nous sommes décidés à nous battre à l'arme blanche dans les rues de la place.

Rapport du même.

Au même.

30 Novembre.

Faites en sorte qu'il m'arrive des munitions.

Rapport du même.

(N° 15.)

Au Colonel MARION, *Commandant le 20e régiment.*

Vous recevrez plus d'un bataillon, etc.; il est déjà parti un convoi de quinze mille cartouches, comme marchandises.

Lettre du Général CLAUZEL, *du 30 Novembre.*

(N° 16.)

Au Général Clauzel.

5 Décembre.

Reçu, le 4 Décembre, sept mulets portant environ quatorze mille cartouches, conduits par des Bédouins qui ignoraient ce que contenaient leurs charges.

Rapport du Colonel Marion, *Commandant le* 20° *régiment de ligne.*

(N° 17.)

Au Général Clauzel.

26 Décembre, 5 heures du matin.

Le messager porteur de la présente doit arriver le 27; s'il rapporte une réponse le 29, je lui ai promis, etc.

Si on ne vient pas au-devant de nous, il faudra encore lutter contre la faim, sans vin, sans eau-de-vie, suivant ce que durera le temps de la route.

Signé Danlion.

(N° 18.)

Il chercha (le Bey) à rendre le fanatisme musulman lui-même l'instrument de ses projets, emprunta ses couleurs pour farder son alliance avec les infidèles.

Touché du danger de voir le territoire des Musulmans, ses voisins, au moment d'être envahi par les chrétiens, etc., il avait résolu, dit-il à son Divan et aux habitans de Constantine, de profiter de la position favorable où il se trouvait avec les Français, pour éloigner de cette Province le fléau qui menaçait l'Islamisme.

Le Sahah-Tabah resta le possesseur réel d'un secret qui n'avait point été révélé au Divan (celui de l'investiture).

*Lettre de M*r DE LESSEPS.

(N° 19.)

Au Général en Chef CLAUZEL, *à Alger.*

Tunis, le 11 Février 1831.

Monsieur le Général,

Veuillez, je vous prie, me permettre de vous consulter sur un objet qui n'est rien encore, mais qui, par la suite, peut être d'une grande importance.

Un article de votre traité avec la Régence d'ici, relativement à Constantine, nous permet de cultiver dans ce pays. Mais pouvons-nous acquérir? je le pense, et cela devrait être la conséquence de cette première faculté. D'ailleurs notre position, les expressions de ce même traité ne sont-elles pas pour l'affirmative sur ce point? Ici, cependant, l'on est pour la négative. Je désirerais donc, et cela peut devenir intéressant par la suite, que vous eussiez la bonté de me dire ce que vous en pensez.

Signé RAIMBERT.

(N° 20.)

Au Général BERTHÉZÈNE.

5 Juillet 1831.

Tous deux (le Bey de Tunis et le Prince MUSTAPHA, son frère, nommé Bey de Constantine) affirmèrent à plusieurs reprises, et *sous serment*, que la *promesse d'Alger* leur avait été faite........ ...... Après une courte explication, il fut reconnu qu'elles étaient toutes parties du quartier général d'Alger.

Extrait d'une lettre de Mr HOUDER, *envoyé à Tunis*.

(N° 21.)

A Monsieur le Général en Chef CLAUZEL, *à Alger*.

Tunis, le 11 Février 1831.

L'occupation de cette ville (Bone) par les Tunisiens serait d'ailleurs de notre convenance pour notre pêche, puisque des réponses, que j'ai reçues aux lettres que j'avais écrites d'Alger aux pêcheurs, et dont vous avez connaissance, m'annoncent qu'ils arment avec activité. Il est donc de notre intérêt, comme vous le voyez, Monsieur le Comte, que ce port soit ouvert un moment plus tôt; je désire bien m'y trouver alors; j'y serai même pour y recevoir les patrons corailleurs, et leur délivrer les patentes de pêche, *en votre nom*, comme vous avez eu la bonté de me le dire.

Signé RAIMBERT.

(N° 22.)

Au Général BERTHÉZÈNE.

EXTRAIT.

Tunis, 5 Juillet.

Je ne dois pas vous laisser ignorer, mon Général, etc., etc............. Je n'ai pas pu ne pas reconnaître que des engagemens confidentiels ont été pris, des promesses verbales faites, de telle sorte que les traités ne semblaient qu'une affaire de forme, etc........... J'ai vu des lettres et reçu d'autres confidences qui ne me laissent aucun doute à ce sujet. On a été jusqu'à dire (et le texte arabe de l'article 2 du traité de Constantine le porte), contrairement aux justes espérances du Gouvernement, que le tribut pourrait être diminué plus tard ; que, pour le moment, il avait fallu en élever le chiffre afin de satisfaire les Chambres en leur présentant les traités ratifiés.

Quant à l'assurance que tôt ou tard Alger serait remis au Bey de Tunis, elle a été si bien donnée, que SIDI-MUSTAPHA, nommé Gouverneur de Constantine, disait ici, sans aucune réserve, qu'il se contenterait d'envoyer un de ses officiers dans ce Beylick, et ne quitterait Tunis que pour aller prendre possession d'Alger ; qu'il n'entendait avoir aucune apparence même de relation avec les Français. Il avait aussi déclaré au Sieur RAIMBERT, déjà nommé Agent français à Constantine par le Général en Chef, qu'il ne l'admettrait pas dans ce Beylick.

Signé HOUDER.

(N° 23.)

EXTRAIT.

Tunis, 5 Juillet 1831.

Les troupes régulières désertaient ou manquaient de tout. Les moyens de soumission employés dans la ville et la Province de Constantine étaient, sinon annulés, au moins paralysés. Les yeux du Divan et des peuples dessillés............. Les rapports d'Oran donnaient l'idée la plus triste et la plus alarmante de la situation des délégués du Bey dans cette Province, qu'on leur avait promis, verbalement et par écrit, de leur livrer pacifiée et soumise. Les forces, l'influence et la popularité religieuse du maître actuel de Constantine, s'étaient accrues en raison inverse et dans la proportion de la décroissance de celles de son nouveau rival et des moyens d'agression de celle-ci.

L'engouement du Bey au sujet des nouvelles troupes régulières était passé ; les excès qu'elles avaient commis et leur désertion lui ôtaient l'espérance qu'on lui avait fait concevoir de l'appui qu'il pourrait trouver en elles..................... Le nouvel impôt de 25 pour 100, établi à leur occasion, avait exaspéré les esprits et causé des troubles sérieux dans les Provinces de Matter et du Kheff. On y a désarmé et maltraité les troupes et les agens du Bey, et l'on refuse ouvertement de payer même les impositions ordinaires et légales.

Signé Lesseps.

(N° 24.)

La mutinerie et la révolte de Blida (à la suite de laquelle le Hakem a été chassé) a été causée, en principe, par la réclamation d'un Bédouin qui a insulté le Hakem, en lui demandant une femme avec laquelle il vivait en concubinage, et qui se trouvait dans cette espèce d'orgie où étaient réunies plusieurs jolies femmes de la ville.

Extrait du rapport de l'Aga, grand Prévôt de l'armée, en date du 21 *Février* 1831.

Le Gouverneur de Blida (le Hakem) s'étant enfui de cette ville à cause d'un soulèvement général contre lui, Mr le Général BOYER a été obligé de nommer momentanément à cette place un Caïd désigné par les Ulémas. Le Hakem de Blida se nomme SIDI-EL-MÉLIANI.

Note laissée par le Général BOYER *au Général* BERTHÉZÈNE.

Nous vous informons que notre Gouverneur est cause de la révolution de Blida ; il a pris un mouton de la tribu de Beni-Salah sans le payer, et il a voulu le faire tondre pour rien................. Il a donné une fête où il ne recevait que ceux qui lui donnaient de l'argent.................... Il poussait le libertinage jusqu'à envoyer chercher les femmes par la force.

Lettre du Caïd et des Ulémas de Blida.

(N° 25.)

Rapport sur les réparations du Môle.

Alger, le 22 Mars 1831.

Dans un rapport, en date du 24 Février dernier, remis à M^r le Général en Chef, l'ingénieur, soussigné, a fait connaître l'état de dégradation du môle et a indiqué les ouvrages qu'il était urgent d'entreprendre pour éviter sa destruction complète et la ruine des magasins aux vivres qui y sont établis................

Depuis la rédaction de ce rapport, l'expérience a prouvé l'insuffisance de tout autre moyen de conservation. Les empierremens qui avaient été exécutés par le Génie militaire, pour fermer provisoirement les principales brèches, ont été totalement détruits, quoique la mer n'ait pas été très-mauvaise : ils ont rempli le but qu'on s'était proposé en les établissant, qui était de sauver les magasins de l'action des grosses mers qui ont ordinairement lieu vers le mois de Mars ; mais, en même temps, ils ont fait voir qu'on ne pouvait compter sur une réparation solide qu'en rétablissant l'ancien mur du quai en bonne maçonnerie de pouzolane ; toute autre réparation pourrait coûter fort cher sans offrir la moindre garantie de durée.

Signé Noel.

(N° 26.)

Il y eut autrefois, sur cette côte, une ville appelée Jol ; elle fut rebâtie par Juba, qui en changea le nom en celui de Césarée.

Entre Césarée et Tritum se trouve Saldæ (Bugie). C'est là que le domaine de Juba confine aux terres des Romains.

Les cantons les plus voisins de la Mauritanie (Maroc) sont d'un meilleur rapport et de plus de ressources.

Après la Mauritanie, on trouve le pays des Massaissiliens, qui commence au fleuve Malochath. Ce fleuve sépare les sujets de Bocchus de ceux de Jugurtha.

Strabon, *liv. XVII.*

In divisione quæ pars Numidiæ Mauritaniam adtingit agro, viris opulentior.

Salluste, *Bell. Jug. XVI.*

(N° 27.)

A cette occasion, Antalas, chef des Maures du Byzacium, écrivit à Justinien une lettre où on lit : « Les Maures ayant souffert, de la part de Salomon, toutes sortes d'inhumanités depuis les traités d'alliance, ils ont été contraints de prendre les armes, non contre vous, mais contre leur ennemi cruel .... Si vous voulez retenir les Maures sous votre obéissance.........., vous n'avez qu'à rappeler Sergius à Constantinople, et envoyer un autre Gouverneur en Afrique.............. : n'espérez pas que, tant qu'il aura ici le commandement de vos troupes, il puisse y avoir de paix entre les Romains et les Maures. »

PROCOPE, *hist. des Vend.*, *liv. II*, *chap. XXII*, *traduction du Président* COUSIN ; *à Paris*, 1672.

(N° 27 bis.)

Les Maures habitent, en toute saison, dans des cavernes, où il n'est pas possible de respirer ; ils n'en sortent, ni pour la neige, ni pour la chaleur, ni pour aucune autre incommodité ; ils couchent sur la terre ; il n'y a que les plus considérables qui mettent sous eux des peaux ; ils ne changent jamais d'habit ; *ils n'ont ni pain, ni vin, ni autre nourriture* préparée en la manière des autres hommes; mais ils vivent, à la façon des bêtes, de seigle et d'orge tout crus (*a*).

(Traduction du même.)

(N° 28.)

Extraits des lettres du Bey de Titeri au Général BERTHÉZÈNE.

Je vous ai instruit de ce que m'a fait le fils de

(*a*) La traduction latine du père MALTRET, de l'imprimerie royale, 1662, est encore plus précise ; elle porte : *pane, vino, cæterisque mitioris victûs commodis carent.*

l'ancien Bey; il a tenté de m'assassiner. Les gens du pays font aujourd'hui la garde à ma porte.

Il m'a été impossible de former le corps de trois cents hommes; les Turcs s'y sont opposés......... J'étais même décidé à prendre la fuite pour me rendre auprès de vous, mais j'ai pensé que vous m'enverriez du secours. La ville de Médéah ne sera jamais tranquille si vous n'envoyez pas des troupes..................... Je vous prie de venir à mon secours avant que le mal n'augmente. Je ne peux pas sortir de ma maison; on a déjà tiré deux fois des coups de fusil sur moi. Tout le monde ici vous en rendra témoignage.

Le 11 de Moharem, 17 Juin.

Je désire que vous veniez pour le bien de la ville et la tranquillité de la Province, pour que tout rentre dans l'ordre et le devoir.

Signé Mustapha.

Nous Cadi, Muphti, Marabets, Scheicks, vous informons que la ville de Médéah est partagée en deux opinions par la faute du fils de l'ancien Bey. C'est lui qui aurait tué notre Bey actuel s'il n'avait été protégé par quelques habitans. Nous vous supplions, en conséquence, de nous envoyer des troupes. La sûreté de la ville l'exige, et notre vie est en danger. Ce sont surtout les Turcs qui cherchent à troubler la paix.

(N° 29.)

Ordre du jour du 7 Juillet.

Des hommes mal intentionnés, et dont les vues secrètes sont connues, s'efforcent de propager les nouvelles les plus fâcheuses, et d'accréditer les faits les plus absurdes et les bruits les plus alarmans sur les opérations de la division expéditionnaire.

Le Général, commandant le corps d'occupation, voulant faire connaître la vérité aux troupes qui n'ont pas eu l'honneur d'en faire partie, donne ci-après l'état des pertes éprouvées par les différens corps qui y ont coopéré.

Régimens.	*Blessés.*	*Morts.*
15e	15	3
20e	77	26
28e	39	6
30e	23	6
67e	21	9
Zouaves	4	3
12e chasseurs	12	2
Chasseurs Algériens	4	»
2e d'artilleurs	1	»
TOTAL	196	55

Les pertes éprouvées en combattant vaillamment et pour l'honneur du nom Français, ne méritent nos regrets que parce que c'est du sang français qui a coulé; mais on doit s'étonner qu'elles soient si minimes quand on fait attention au nombre de nos ennemis.

Quarante tribus, fesant près de douze mille hommes, nous ont attaqués, et plusieurs par trahison.

Dans le seul combat du 1er Juillet, les dix tribus que nous battîmes sur le plateau d'Ouhara perdirent huit cents hommes, dont quarante-cinq morts, parmi lesquels plusieurs Turcs de distinction. D'après tous les rapports, leur perte totale s'élève à plusieurs mille.

Soldats! vous les avez toujours vus fuir devant vous, et toujours ils fuiront quand vous marcherez contr'eux. Soyez toujours dignes de vous, et jamais ils n'oseront vous attaquer en face.

Signé Baron BERTHÉZÈNE.

(N° 30.)

Au Général en Chef.

Nous avons entendu dire que vous vouliez gouverner toutes les provinces formant la Régence d'Alger comme du temps des Turcs. Nous avons entendu dire également que vous êtes bon, généreux, et que vous voulez établir une paix durable dans le pays; que vous aimiez surtout ceux qui vous secondaient dans votre but de soumettre le pays. Le porteur de la présente, SEID-MOHAMED-BEN-EL-DIN-BEN-SIDI-EL-HAG-ISSA sera médiateur entre vous et nous. C'est son père qui a prédit qu'un jour vous gouverneriez jusqu'à la vallée rouge. Il pourra vous être utile. Du temps des Turcs, on le consultait et l'on fesait cas de ses avis.

Signé BEN-CHAAR, fils de FARSHAT, Scheick des Arabes.

(N° 31.)

Au Général en Chef CLAUZEL.

Je vous ai déjà averti de l'arrivée de l'envoyé de Maroc à Telemsan (Trémècen).......... ; il a envoyé des circulaires à toutes les tribus, pour les engager à lui obéir comme à leur chef.

....

....

....

Il m'a envoyé une seconde lettre, par laquelle il m'invitait à lui livrer Oran. J'ai refusé une proposition aussi perfide. Il a résolu, dès ce moment, de s'emparer de la ville par force. Il a chassé les Turcs de Mascar; en mit une trentaine, ainsi que mon Calif, en prison..............

....

Il a demandé le fort de Mechoir à Telemsan, et, sur le refus des troupes de le livrer, il l'a investi. Il m'a envoyé dire, en même temps, qu'il allait se diriger sur Oran. Je vous prie d'envoyer ici deux mille hommes, et quelques canonniers et des canons de campagne. Je me charge de les nourrir; nous sommes convenus de cela avec les grands de la ville. Envoyez-les de suite; une fois que le pays sera tranquille, je vous renverrai ces troupes.

Signé : *le Bey d'Oran*, HASSAN.

(N° 32.)

Au Général CLAUZEL.

Général, j'ai l'honneur, etc. . . . .
Je regrette d'avoir à vous annoncer que je n'ai été nullement satisfait de la position intérieure et extérieure du pays. Vos promesses étaient qu'à mon arrivée ici, je serais tranquille possesseur de la ville, de ses dépendances et de la Province, sauf le point de Trémècen; que tous les Bédouins étaient soumis, et que deux de leurs principaux chefs, MUSTAPHA et MUSSERLI, m'attendaient les bras ouverts. Au lieu de cela, j'ai trouvé, le jour même de mon entrée, la ville dans un état d'agitation . . . .
. . . .
Aux portes d'Oran, un parti de Bédouins échangeait, le même jour, quelques coups de fusils avec un des postes français. L'état intérieur est encore

moins rassurant............................

....

Je comptais trouver, dans le palais destiné à me recevoir, le mobilier du Beylick; on m'avait annoncé des approvisionnemens, des mulets, etc. Je n'ai vu, à la Cassaubah, que les quatre murs, aucune espèce d'approvisionnement, et des magasins vides...........................

....

....

....

Le jour de mon arrivée, j'ai écrit à MUSTAPHA et aux principaux chefs des tribus du voisinage, pour les engager à se rendre auprès de moi. MUSTAPHA et MUSSERLI ont répondu à mon appel en partant pour Trémècen; et un Scheick arabe, après avoir fait sa soumission entre mes mains et reçu des présens, a voulu, en sortant de la ville, s'emparer de nos bestiaux, et on a dû le repousser à coups de canon.

Vous voyez, Général, que vous avez été trompé, etc., etc., etc.

Je demande que le traité passé entre vous et S. A. le Bey de Tunis, soit considéré comme nul et non avenu, puisqu'on n'a pas rempli la plus essentielle de ses conditions, celle de nous livrer la Province d'Oran, sauf Trémècen, en état de tranquillité.

Je demande, en conséquence, que vous veuilliez

bien mettre à ma disposition les bâtimens nécessaires pour ramener moi et les miens à Tunis, attendu que je ne puis consentir à gouverner un pays où il n'y a ni sûreté pour nous-mêmes, ni communications avec l'intérieur, ni approvisionnemens, ni ressource aucune.

J'attends, etc., etc., etc., etc.

Signé KEREDIN-AGA, Gouverneur par intérim de la Province d'Oran.

Oran, 16 Février 1831.

NOTA. On aurait pu multiplier les pièces justificatives; l'embarras était dans le choix. Mais il a suffi à l'auteur de prouver qu'il n'avançait *aucun fait* légèrement et sans en avoir la preuve.

FIN.

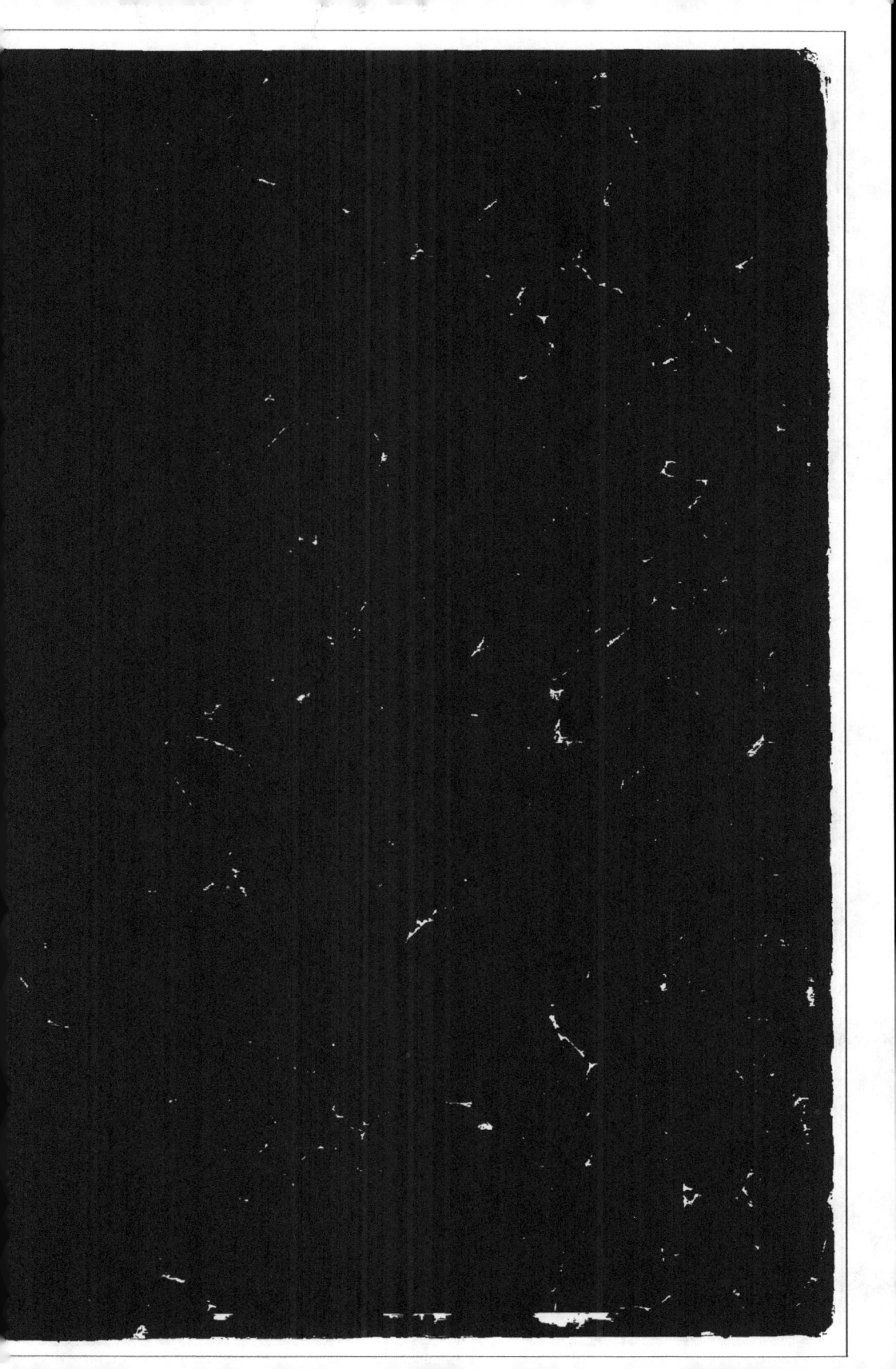

www.ingramcontent.com/pod-product-compliance
Lightning Source LLC
Chambersburg PA
CBHW050506270326
41927CB00009B/1920